U0947991

突破规则才能成功

史玉柱的内部营销课

丁萍◎编著

中国财富出版社

图书在版编目（CIP）数据

突破规则才能成功：史玉柱的内部营销课 / 丁萍编著．—北京：中国财富出版社，2015.1

（中国杠杆人物内部培训课）

ISBN 978-7-5047-5392-2

Ⅰ.①突… Ⅱ.①丁… Ⅲ.①市场营销学—经验—中国 Ⅳ.①F723.0

中国版本图书馆 CIP 数据核字（2014）第 228798 号

策划编辑	宋　宇	**责任印制**	方朋远
责任编辑	于　淼　宋　宇	**责任校对**	饶莉莉

出版发行	中国财富出版社		
社　　址	北京市丰台区南四环西路 188 号 5 区 20 楼	**邮政编码**	100070
电　　话	010—52227568（发行部）		010—52227588 转 307（总编室）
	010—68589540（读者服务部）		010—52227588 转 305（质检部）
网　　址	http：//www.cfpress.com.cn		
经　　销	新华书店		
印　　刷	北京京都六环印刷厂		
书　　号	ISBN 978-7-5047-5392-2/F·2244		
开　　本	710mm×1000mm　1/16	**版　　次**	2015 年 1 月第 1 版
印　　张	15.25	**印　　次**	2015 年 1 月第 1 次印刷
字　　数	225千字	**定　　价**	32.00 元

前言
PREFACE

史玉柱是个英雄主义色彩浓厚的人物，经历过大起大落，他的人生就像是骆驼的驼峰，有高有低。有人说，史玉柱是商界的异类，长着“和别的企业家不一样的脑袋”，总是用出人意料的方式获得成功。

回顾史玉柱的创业史，从巨人大厦到脑白金，到《征途》，史玉柱过山车般地崛起、倒下、再崛起，成为中国企业界的“传奇”。很多人感到奇怪：为什么很多企业家倒下都是销声匿迹，而史玉柱的生命力却是这么顽强？是什么力量支撑着他重新站起来？凭借脑白金和黄金搭档将中国保健品市场搅得天昏地暗的史玉柱，又是用了什么手法一举超过网游的“前辈们”的？

彼得·德鲁克曾经说过：“20世纪50年代以后，欧洲经济以惊人的速度和规模得到恢复，日本在世界市场上所取得的经济成就以及因此而形成的日本经济奇迹，根本原因得益于市场营销，得益于欧洲和日本企业把市场营销当作企业的一项核心职能。”

不错，是营销。超强的营销能力，塑造了史玉柱今日的辉煌。史玉柱对于营销有着独特的想法，他不单独强调说服技巧，更注重将产品细化，将营销队伍广告化、特质化。从脑白金，到脑黄金，再到黄金搭档，以及黄金酒，史玉柱把营销做到了空前绝后，他在整体市场规模并不大的保健品细分市场，把一个小产品的年销售收入做到十几亿元，甚至二十多亿元。

企业吸引顾客，创造利润，都必须通过营销来实现。在哈佛商学院的MBA课程里，营销被视为企业这艘航船的指示灯，它在机会到来时指示这艘航船顺风远航，并在航行时随时顺着风向不断调整航向，以求获得最大航行速度；在毁灭性灾难到来时指示它驶入避风港湾。

所以，对企业而言，营销不能被忽视，企业的一切活动都应该为营销服务，都应该支持营销上的工作。

但是在一些企业里，营销似乎还没有引起管理层足够的重视，它常常被忽略，甚至处在边缘地带，处在角落里，对它的预算一般来讲都是在广告、促销上的，而没有真正地提升到战略的高度。

营销不光是一个功能，而应该被视为整个企业的引擎，是它驱动着所有业务的增长。在当前竞争激烈而又生产过剩的全球化大环境下，正确的营销知识不会有太大的帮助，企业真正需要的是正确的营销行动。

《突破规则才能成功：史玉柱的内部营销课》一书正是以这样的声音打造出的。全书没有深奥的理论，朴实无华，往往在轻描淡写之间，一语道破营销的本质。

面对白热化的竞争，同质化的格局，多样化的产品，“升级版”的消费者，如何赢得消费者的注意力，占据消费者的心智份额，对企业来说，是一个无比艰巨的任务。本书通过史玉柱的一言一行，细致讲述了他对产品、对企业、对团队的营销理念和技巧，希望无论是爱好营销的读者，还是从事营销工作的读者，都能从这本书中获得收益。

目 录
CONTENTS

上 篇

营销就是要搞定人

企业的核心竞争力的构建和提升，离不开对市场的了解、开拓和占领，离不开消费者的喜好和认同。企业只有以营销为中心，以市场为导向，以顾客价值的提升为方向，才能争取到更多的优质顾客，赢得企业的成功。

047 第三章 营销自己，做最懂消费者的那个人

中 篇

搭班子、定战略、带队伍

市场营销不是一个人的事情，也不是一个部门的事情，而是需要企业所有部门、所有人员共同配合来完成。史玉柱说，如果有好的产品、好的营销方式，且营销队伍过硬，就能打开市场。

的确，营销不是单兵作战，而是全员战役。任何一个成功的企业都离不开一支训练有素的团队，史玉柱在人生最低谷时一直有20多人的团队跟随，一个好汉三个帮，没有这支团队，也就没有今天的史玉柱。

069 第四章 创意产业的第一要素是人

下 篇

全面营销，把战略计划落到实处

在这个动荡不安，竞争激烈而又生产过剩的全球化大环境下，正确的营销知识不会有很大的帮助，我们真正需要的是正确的营销行动。换句话说，就是企业能否把市场营销作为一项核心职能对待，能否把市场营销这一企业核心思想真正地落实。

上篇

营销就是要搞定人

企业的核心竞争力的构建和提升，离不开对市场的了解、开拓和占领，离不开消费者的喜好和认同。企业只有以营销为中心，以市场为导向，以顾客价值的提升为方向，才能争取到更多的优质顾客，赢得企业的成功。

第一章 营销没有专家，唯消费者马首是瞻

把消费者放在公司运转的中心

我一直认为，营销学书上的那些东西都是不可信的，和他们想法相反的，倒可以试一下。营销学诞生于20世纪初的美国，是当时美国几大广播公司搞出来的，目的就是让企业投放广告。最好的营销老师就是消费者，如果有好的产品、好的营销方式，且营销队伍过硬，就能打开市场。

——史玉柱回顾自己的营销之道

营销是没有专家的，唯一的专家是消费者。要搞好策划方案，你就要去了解消费者。

——史玉柱营销语录

营销策略

营销，最核心的是要了解你是销给谁。高明的企业家，在外与消费者结盟，把消费者引入价值体系中，把消费者放在公司运转的中心。在内部，所有的员工和产品经理从程序到产品，都变成体验者，麻烦处理者，目的是跟

上消费者的需求。

史玉柱无疑就是这样一个高明的企业家。为了了解消费者，他亲自做调查，走村串镇，挨家挨户寻访，搬个板凳坐在院子里跟人们聊天，了解人们的消费需求和意愿，以及对保健品价格的看法。

卖产品就是跟人打交道，就要研究消费者，洞察消费者，这是营销的原点。打开了消费者的心，也就打开了消费者的口袋，而离开了这个原点，就像船在大海上失去航向，在错误的方向上越行越远。

史玉柱的成功，离不开对消费者的重视，当时《征途》游戏推出的时候，年过四十的史玉柱坚持在开发游戏的过程中与几百个玩家聊天，每人至少两小时。

他在游戏里和玩家聊天，了解玩家对游戏的不满，然后想办法解决问题。根据玩家的需求进行设计，根据玩家需求的变化进行调整，这是《征途》成功的根本原因。

巨人公司的第二款在线游戏《巨人》开始测试时，史玉柱更是常常彻夜不眠。在此期间，史玉柱每天睡2～3个小时，每晚7点开始，一直战斗到第二天早上七八点。史玉柱说："现在，我和公司十多个研发骨干人员几乎天天泡在一起，一起打游戏，一起开会讨论，下班了还一起喝酒。"就是用这种方式，史玉柱得以每时每刻都将自己的想法在游戏内贯彻。"如果巨人的游戏出现什么问题，史玉柱会第一个知道。"巨人总裁刘伟说。

有一次，史玉柱跟一些资深玩家沟通，他们提出玩《巨人》很累，每天跟上班一样，要花很多时间完成任务。为此，史玉柱做了一个调查，发现确实有很多玩家感觉任务太多，玩得很累。"怎么解决呢？我还是通过和玩家沟通找解决方案。"史玉柱说，"有一个玩家提出可把当天的任务叠加到第二天去做，第二天不做可以叠加到第三天去做。这样，时间多的玩家可以每天做任务，时间不够的玩家可以几天做一次任务。我把这个玩家的想法告诉其他玩家，大家认为这个解决办法很好，于是我们就采纳，对游戏做了修改。"

史玉柱提出“玩家就是最好的老师”，实际上与他之前所提出并一直实践的“消费者是最好的老师”的观点一脉相承。在他看来，“消费者是上帝”这句话在商场上被尊奉多年，但是没有几个企业家能真正读懂这句话的实质，把这句话当作自己商业运作第一原则的人更是寥寥无几。

史玉柱认真实践了这句话。消费者是天底下最好的老师，摸对老师秉性的企业，总能获得丰厚的利润；反之，只能被老师拒之门外，走向失败。史玉柱懂得商业成功的精髓所在，所以，20多年的商海生涯里，他做得最好的一件事是：一直很虔诚地充当消费者的学生。

智慧透析

“现代营销学之父”菲利普·科特勒曾经说过：“营销不是找到一个精明的办法处理掉你制造的产品，而是创造真正的客户价值的艺术。”他认为，营销人员的格言只有三个词，那就是：质量、服务和价值。营销是一个识别、创造、沟通、交付和监督顾客价值的过程。

与之相似的是，亚马逊的创始人杰夫·贝泽斯也曾说：“每件事情的驱动力都是为顾客创造真正的价值，没有这个驱动力就没有一切。如果你关注顾客所需并与之建立良好关系，他们就会让你赚钱。”

价值是市场营销中的一个核心概念，一般来说，顾客会在不同的产品与服务之间做出选择，而选择的基础就是哪一种可以给他们带来最大的价值。成功的企业都有一个共同点，那就是高度重视顾客并努力地去创造顾客价值与满意度。

美国名嘴奥普拉·温弗瑞曾经问过好莱坞一线女星朱莉亚·罗伯茨一个有趣的问题：“你最喜欢睡在什么上面？”这位大嘴美女答道：“睡在四季酒店的床上。”她所说的这家四季酒店，是世界性的豪华连锁酒店集团，曾被*Travel and Leisure*及*Zagat*指南评为世界最佳酒店集团之一，并获得AAA5颗钻石的评级。

桑德拉·苏赫尔教授曾经深入研究过四季酒店的案例，并提出，在高端市场中，最好的酒店经营者，一个是丽嘉，另一个就是四季。四季酒店之所以能成为世界酒店行业的标杆，能得到众多名人的青睐，最主要的原因，就是它能给客户创造不一般的价值与满意度。

就拿上海的四季酒店来说：当它接待美国CNBC电视台的客户时，酒店会马上与上海专业机构联系，购置解码器，专门给CNBC一行的所有客房加上CNBC的频道播放，并精心印制专门的节目单；当它接待百事可乐的客户时，房间就全换上百事公司的产品；当菲利浦公司的客户下榻时，客房里全换上菲利浦公司的照明设备；当丰田公司的客户来光顾，床头上会放上注有丰田标牌的模型小汽车；三星电子公司的客户住店，酒店会不惜重金把高级套房的其他品牌的等离子电视拆下来，换上最新型号的三星产品。这些待遇不只是对知名企业的大客户，就是对小孩儿，酒店也会一视同仁。当一对夫妇带了一个六岁孩子前来入住，酒店会马上配上儿童浴袍、儿童拖鞋和气球等小玩具，加床也会符合孩子的身高。可以说，对每一位客户，只要有来客信息，四季酒店都会事先把细节工作做得妥妥帖帖。

四季酒店集团创始人伊萨多·夏普曾说："人们常问我，对四季酒店最初的设想是怎样的。实际上，根本没有设想或任何宏伟的计划。当我在建造我的第一座酒店时，我根本不懂酒店业。我从未想到过这将会变成我一生的事业，我也从未想到过有一天我将建造和管理世界上最大和最负盛名的五星级酒店集团。我从客户的角度开始涉足酒店业。我是主人，客户是我的宾客。在建造和运营酒店时，我这样问自己：客户认为最重要的东西是什么？客户最认同的价值是什么？如果我们给予客户最有价值的服务，他们就会毫不犹豫地为他们认为值得的东西掏腰包。这就是我一开始的策略，直到今天仍然如此。"

四季酒店能成为世界最佳酒店集团之一，归根结底，原因就在于，它以细致入微的服务为顾客创造了最大的价值，让顾客获得了超乎预期的体验与满意，因此，它也得以从顾客那里收获最大化的回报。

关于营销，有这样一句话："市场营销的目的就是使推销成为多余。"那么，怎样才能使推销成为多余？很简单，其最关键之处就在于"辨别并满足人类和社会的需要"。营销就是要为顾客提供卓越的价值，把价值交付出去，把利润交换回来，并以此建立可赢利的顾客关系。营销就是这样一种通过创造、交付和传播优质的顾客价值来获得顾客、挽留顾客和提升顾客价值的科学与艺术。

引导消费者，而不是改变

世界上什么最难？改变消费者固有的想法最难，比登太阳还难，作为一个厂商一定不要自不量力地想着去改变消费者的想法。你只能因势利导，他有什么想法，你在想法上面往前导，导到你的产品上面。一定不能说消费者某个观点是错的，如果说的错的，想改变起来，谁都改变不了。

——史玉柱对于广告的所谓控制力的警告

营销策略

"今年过节不收礼，收礼只收脑白金"，这是脑白金的广告语。有人觉得脑白金的广告很烦，像是在洗脑。但是在史玉柱看来，脑白金的广告，并不是试图控制消费者的思想，强制他们接受某种想法。这只是一种营销方法，在众多的保健品中，如何让自己的产品脱颖而出，这是很多企业家都在思考的。

史玉柱是个精明的商人，他不做杀鸡取卵、竭泽而渔的事情，也不做坑蒙拐骗、泯灭良心的生意。在谈到自己的营销心得时，史玉柱说："快过年的时候，一些民工要回家过年，要买东西给家里人。他们在商场就挑来挑去，最后有人拿起脑白金，他买了脑白金。我就上去跟他聊天。他第一句话就说，过年买礼品好像挺难挑的，挑不出一个特别好的。脑白金广告我很烦，但是真的挑起来，好像就它的知名度高一点，然后就不得不买了。"

脑白金取得的成功，是其他保健品企业无法媲美的。这种"偏执"的营销方式是史玉柱的最爱。游戏新产品推出后，他以推广脑白金的方式，在全国设立了1800个办事处，一年之间将推广队伍扩充到2000人。正是这种地毯式营销，使得运营才一年多的《征途》就跻身中国网游月收入上亿元的产品行列。

史玉柱知道，在广告投入的时候是不赚钱的，长期下去，企业就会受不了。所以保健品要赚钱，必须靠口耳相传达到广告效应，赚口碑的钱。

做网络游戏也一样，真正赚钱要靠回头客。靠广告砸钱能让第一批人来，但这批人进来实际上对企业来说是不赚钱的，因为前期投入很大。回头客靠什么？靠产品效果。

消费者是验证产品好坏最好的老师。在当今被大量信息包围的生活环境中，人们对无处不在的商业广告习以为常，对街边的路牌广告视而不见，只有亲朋好友极力推荐某款产品的时候，才会有所关注。同时，消费者购买某类产品时，最先想到的和最容易做到的，就是向亲朋好友咨询。好的产品会被推荐并广泛传播，而差的产品即使广告做得铺天盖地，最终也只能在消费者心中渐行渐远，慢慢消失。

很多人说脑白金的产品销量是靠广告，靠忽悠，史玉柱的副手刘伟对此并不认同，"那是外界不了解我们的营销策略。广告费年年涨价，成本太高，靠广告根本撑不住市场。如果没有回头客，后果不可想象。"

史玉柱表示，他这十年总共做了三件事：保健品、金融投资、网游。虽然都是成功的，但也都遭到非议。脑白金主要是靠回头客，他骗了人们十年？不可能！还有黄金搭档、施尔康、善存，主要成分就是维生素和矿物质，怎么骗人？配方还不是他本人的，是中国营养学会设计的。

他认为批评脑白金的人多数没吃过脑白金，而吃过脑白金的人也不会主动对媒体说，他们没有宣传的义务，但是他们会对周围的人说产品的好处。脑白金在消费者中靠口碑宣传，赢来的是回头客。

当脑白金红遍大江南北时，有关脑白金的各种声音也不绝于耳，其中不乏质疑之声。然而市场表现和利润数据才是衡量企业的重要标准。在2003年，整个保健品行业处于低迷的盘整时期，史玉柱却交了一份出色的答卷：脑白金和黄金搭档两大产品前10个月的销售收入突破12亿元。

脑白金从诞生开始，其发展道路就很曲折，一直面临市场的猜疑。上市不久，就有人评论“脑白金不行了，其生命周期只有三年”。后来，这种说法改为三五年，而后又是五年。2002年，脑白金迎来了五周岁生日，市场又改口了，那一次脑白金的生命周期又被预测为六年。

然而，脑白金从1997年8月底试销开始，到今天已有十几年了，脑白金并没有像很多人预想的那样，销量出现大幅下滑。相反，它始终遥遥领先——每年的销售量都是行业排名第二和第三的产品销量的总和。

虽然脑白金的销量也曾出现过波动，但是对于行业来说，15%的波动属正常。因为产品销售的好坏受制于多种外部因素——市场购买力、保健品总量等。而脑白金这两年的波动与保健品市场的总体波动是吻合的。

智慧透析

现在的市场环境中，一个最为显著的特征不是缺少信息，而是信息太多。如何让自己的产品脱颖而出，一眼就让消费者认出，并打动消费者，让他们乐于接受，不仅需要产品自身的功力，更需要企业与消费者有一个良好的对话，也就是营销沟通。

营销沟通是一个公司及其品牌所发出的声音，也是与消费者建立对话与关系的工具。营销沟通对于消费者来说是很有用的，它可以告诉消费者企业的产品能满足哪些需求，能带来哪些价值与利益，应该在什么情况下适用，以及应该如何使用。营销沟通对企业而言也意义非凡，它可以帮助企业创造品牌知名度，可以在消费者心中建立起良好的品牌形象联想，可以形成积极的品牌评价和感觉，推动建立消费者和品牌之间牢固的联系。

联合利华旗下的品牌多芬，曾经推出过一项名为“真美无界限”的营销活动，它鼓励所有的女人都做“真正的女人”，不管其体形胖瘦、身材高矮、年龄大小和肤色如何。多芬这一场营销活动的灵感来自一项调研，这项调研发现，全世界只有2%的女性认为自己漂亮，而绝大多数的女性都或多或少地自卑，或者说未能意识到自己身上的女性魅力之美。

多芬在这次活动中，没有按常规选用身材出众的时尚模特，而是选用了一个曲线优美、体态丰满、率真自信的较为大众的女性。多芬认识到网络是与女性消费者对话的重要平台，因此建立起了该活动的网站并且投放大量的视频广告。他们推出的视频以“进化”为主题，展现了一个相貌平平的普通女性在经过造型师、发型师、灯光和数字修片的润饰之后，化身为一个不逊色于时尚模特的丽人的全过程。该视频被上传到You Tube后，立即引来了250万次的点击观看。

“真美无界限”活动帮助众多的普通女性发现自身的美，并大胆地展示出自身的美，正是这一点，打动了女性消费者，从而赢得很不一般的营销效果。这次营销活动极大地促进了多芬产品的销售，提升了市场份额，更因此而摘取了美国市场营销协会颁发的最有效的营销活动奖——艾菲奖。

营销沟通是建立对话与关系的工具，而要达到“对话”和“建立关系”的目的，营销人员首先需要弄清楚什么样的沟通方式能够触及目标顾客，并能够打动目标顾客，只有明确了这些，营销沟通才能取得实效。在传统营销中，促销是重头戏，企业总是通过广告、人员推销等方式强迫消费者接受自己的产品或服务，消费者往往处于一种弱势地位。而营销沟通注重的是与消费者实现深层次的交流，建立合作伙伴关系，体现消费者的主体地位，搭建起企业与消费者之间沟通交流的桥梁。

用70%的精力为消费者服务

我在我的公司只管一件事——市场调研。

——史玉柱营销语录

营销是没有专家的，不能迷信专家。我认为大学里有关营销的教材80%的内容都是错的。要说有专家，我认为唯一的专家就是消费者。要做好一个产品，在前期论证阶段必须花费大量的时间泡在消费者当中。

——史玉柱游历中国后的感慨

我的成功没有偶然因素，是我带领的团队充分关注目标消费者，做了辛苦调研后创造出来的。

——史玉柱营销语录

营销策略

消费者是天底下最好的老师，史玉柱认真实践了这句话。摸清“老师”秉性的企业，总是被老师厚待，报之以丰厚的利润；反之，只能被老师拒之门外。近20年的商海生涯里，他做得最好的一件事是：一直虔诚地做消费者的学生。

史玉柱说，脑白金品牌的策划，完全遵守“721原则”。也就是说把消费者的需求放在第一位，用70%的精力为消费者服务；投入20%的精力做好终端建设和管理；只花10%的精力去处理和经销商的关系。当初保健品市场竞争那么激烈，可史玉柱还是创造了奇迹，究其原因，史玉柱认为：“我的成功没有偶然因素，是我带领团队充分关注目标消费者，做了辛苦调研后创造出来的。”

史玉柱认为：只有打动消费者才能成功。经历失败后，史玉柱对消费者需求的认识又深了一步。他说：“我已经养成一个习惯，谁消费我的产品，我就要把他研究透。一天不研究透，我就痛苦一天。”

要想做出好的策划方案，就要充分了解消费者，而消费者又是最难了解透彻的。2003年，史玉柱驾驶着自己的奔驰一边游山玩水，一边做市场调研，走遍了中国除台湾、澳门之外所有的省、市、自治区。游历之后的史玉柱感慨地说：“营销是没有专家的，不能迷信专家。我认为大学里有关营销的教材80%的内容都是错的。要说有专家，我认为唯一的专家就是消费者。要做好一个产品，在前期论证阶段必须花费大量的时间泡在消费者当中。”

为此，史玉柱专门培养了一支队伍。“他们必须下市场，我要求他们每个月至少要跟100个消费者进行深度交谈。必须拿着产品上街推销，推销不出去就罚钱，卖掉了就作为奖金给员工个人。这就逼着他们在推销的过程中去完善说辞。一旦某个人的说辞成功率比较高，就把他的话总结下来，变成广告。我的策划从来都是到市场里面去，从消费者那里学到的。”

史玉柱“拜消费者为师”的经验被他应用到网游开发上。在开发过程中他共与2000个玩家聊过天，每人至少2小时。这样算下来的话，他总共用了4000多个小时与目标消费者沟通。在4000多个小时的聊天过程中，他体会到玩家在网游中的种种心情。所有这些复杂甚至对立的情绪，史玉柱了如指掌。因此他在《征途》中，给所有情绪提供了释放的机会，这也正是《征途》最吸引人的地方。

此外，他发现大部分游戏升级过程都非常痛苦。为了升级，玩家经常要整夜把一只手放在键盘上，一只手拿着鼠标，并要一直保持这个动作。因此，史玉柱在《征途》里，把游戏规则改了，去掉了打怪的过程。

为了更好地为玩家服务，巨人网络首创“客服预约模式”，玩家可以让客服找自己。这是因为，“客服电话难打通”是网游行业里的普遍难题。这种处处为玩家着想的态度，使巨人网络受到广泛好评，在2007年度中国游戏产业年会上“巨人网络”囊括七项大奖。对这些成绩，史玉柱颇有些得意地说：“现在所有的游戏公司都在跟我们学了，只要跟着玩家走，满足他的要求，不要管这个行业怎么评论，唯一的评判标准就是玩家。我做《征途》考虑的就是玩家的需要，而不是什么行业规则。”

史玉柱为自己贴上的是破坏性创新的标签。很多人认为史玉柱能够一再成功，从脑白金到网络游戏，靠的是近乎偏执的营销手段。但专家以为，支撑史玉柱成功的是他强烈的“破坏性创新”的精神，以及真正满足用户需求的顾客导向战略。一些报道显示，史玉柱在推销脑白金和《征途》之前，刻意去“套用户的需求”，甚至每天花好几个小时跟玩家一起玩游戏，感受游戏不足，近而摸出新的门路。

史玉柱为自己贴上的另一个标签是战略性和战术性。他真正分析透了公司战略的基本要素，最善于做的就是顾客分析、环境分析和市场竞争者分析。他不怕竞争对手，坚信在中国市场上与强大的竞争者不做正面对抗的技巧。他也最懂顾客，哪怕这些顾客并不需要他的服务，他也会创造出需求来，把公司战略变成顾客驱动。凭借在战略布局和战术进攻上的完美结合，史玉柱取得了一个又一个成功。

智慧透析

在过去，顾客处在相对弱势的一方，很多时候都是企业在引导甚至是支配着顾客，而现在，则反转了过来，现今的市场是一个“顾客为王”的市场。有一位营销专家甚至说：“现在的企业，从某种意义上说，已经成为顾客代理商——向顾客出租自己的制造设备、物流设施以及其他资源，让顾客去发现、选择、设计，进而使用他们所需要的产品。”

现在的企业面临着更多的精明的消费者——他们不再满足于作为市场营销的最后一个环节，不再容忍“我们制造，你们使用”“我们说，你们听”的营销方式。他们有自己的主见和认知。如果说过去是一个“请消费者注意”的时代，那么现在则是一个“请注意消费者”的时代。

企业简单地向顾客提供他们所想要的东西已经是远远不够了，要想保持竞争力，企业一方面要帮助顾客学习，使他们认识到自己真正需要什么；另一方面要从顾客处学习，了解他们真正需要的是什么。

哈佛的MBA教案中，给出了一种独特的研究方式，即人类学研究，它指的是营销者把焦点放在观察人们的日常行为上，比方说，食品企业会去观察人们是如何吃饭喝饮料的，清洁用品制造企业会观察人们是如何清洁、打扫的，化妆品企业会去观察人们的肌肤问题并观察他们是如何应付的……通过观察人们在干什么，而不是问人们在干什么，这样能给企业带来最有益的信息。观察消费者的日常行为，比收集他们对产品的主观反应和评价，更能让企业获得突破性的启示和灵感。

很多成熟的企业在进行营销活动时，都会运用这种研究方法，他们通过这种方式去了解最为真实的消费者群体。

美国银行曾经用这种研究方法对婴儿潮时期出生的妇女的购买行为进行研究，并得到两点发现：一是为求便利，这类消费群偏好于集中购买；二是这类消费群因为家庭负担不小，所以要存款非常困难。美国银行针对这两点，推出了一种叫作“保存零头”的特殊金融产品。当客户使用美国银行的VISA卡进行消费时，银行将替客户将每次刷卡消费的零头保存下来。举个例子，某顾客某次消费53.2美元，那么美国银行将取整为54美元，然后将这两个数之间的差额也就是0.8美元保存到客户的储蓄账户上。

这项服务一经推出，就有250万客户申请，有超过70万的客户在美国银行开立了支票账户，并有100万的客户开立了储蓄账户。

很多时候，直接跟消费者面对面进行调研，虽然看起来很有互动感，很有真实感，但是消费者未必就会把自己真实的一面完全展露出来，甚至，有的消费者都不知道自己真正想要表达的是什么，所以，这样得来的信息准确率就需要打一个折扣了。而人类学研究，更多的是在不惊扰到消费者的情况下，真实地记录消费者的行为、言语和反应，然后再去分析，去研究，虽然没有与消费者进行直接、深入的交流，但是，通过这种方式挖掘出来的信息更丰富，也更可靠。

2010年，奥美曾经发布这样一条消息，它任命了一位名叫麦克·格里菲斯的博士担任社会人类学总监，麦克博士加入其大中华区发现团队消费者洞察和趋势研究小组，致力于研究大中华区内国家和地区的社会文化，以求为客户创造更有效果、更能融合本土文化又兼具创意的作品。

“社会人类学总监”，这个职务对于大多数企业而言仍然是陌生的，但是，这从一个侧面反映了一些知名企业对顾客研究的关注和倚重。企业对消费者关注越多，了解越深，才越能准确把握消费者的需求与心理。

在全球经济一体化市场时代，消费者接触的信息越来越多，品牌的竞争也越来越激烈，抓住消费者的注意力、抓住消费者的情感、抓住消费者的感觉越来越具有挑战性。产品的同质化进一步加剧，产品和产品之间、品牌和品牌之间的差异越来越小，如何让品牌吸引消费者，促成消费者购买呢？

让客户充分参与，与客户保持互动，甚至让客户来做主导者，这是一种拉近并深化企业与客户之间关系的好方式。营销人员必须意识到这一点：一切应以客户为主，未来的世界是客户主导的时代。

广告营销要引起消费者注意

脑白金的市场主要有两大块儿：一是功效市场，这个市场比较稳定，一年大概有5亿元的销售额；二是送礼市场，这个市场的波动性非常大，这就需要一些策略。广告的最大目的是让人印象深刻，我们曾经也拍了很多漂亮的广告，但是播出后没效果，后来就干脆不播了。脑白金历史上效果最好的广告是刚开始时拍的，当时钱非常少，拍出来的广告质量非常差，只能在县级台或市级台播，省一级的电视台都不让播。但是很奇怪，这个广告播出后没几天，脑白金的销售量就上去了。后来我们研究后得出的结论是：观众因为讨厌才印象深刻，脑白金真正打开市场和这个广告密不可分。

——史玉柱谈广告语和广告宣传策略

营销策略

消费者的注意力是一种有价值的稀缺资源。怎么获得这种注意力？广告无疑是很强大的一种工具。

脑白金的广告可以说集最差效果和最好效果于一身。连续几年，脑白金都被评为“十差广告之首”，黄金搭档因承袭了脑白金的广告思路，被评为后来“十差广告”的第二名。对此，史玉柱自我解嘲道：“我们每年都蝉联十差广告之首，十差广告排名第一的是脑白金，黄金搭档问世后排名第二的是‘黄金搭档’。十佳广告是一年换一茬，十差广告却是年年都不换。”

即使如此，这两个产品依然是保健品市场上的常青树，畅销多年仍不能遏止其销售额的增长。2007年上半年，脑白金的销售额比2006年同期增长了160%。在商言商，成绩说明一切。

让消费者期望获得最大的满足，一条广告的生命力就体现在某种情感的价值效用上。不管消费者讨厌还是喜欢，只要他们获得了情感上的共鸣，广告的目的就达到了。所以史玉柱对连年的“十差广告”表示很荣幸，甚至笑称：“脑白金连续七八年被评为中国十差广告，每次评完后我就踏实一点儿。如果没被评上，反而说明可能有问题。”

史玉柱曾说过一句话：“中央电视台的很多广告，漂亮得让人记不住，我做广告的原则就是要让观众记得住。”

脑白金广告的诞生历程确实有些曲折。最初史玉柱花5万元请来了两位话剧演员，用夸张的表情拍出来。然而，这个广告被同事认为严重影响品牌形象，公司上下一致反对播出。在史玉柱的坚持之下，这部广告片才得以与观众见面。没想到，被公司内部一致认为粗俗无比的广告，在市场上却反应奇好。

尽管反应很好，广告内容粗俗却是不争的事实。为了提升产品档次，1999年，脑白金请来了相声演员姜昆与大山拍广告，但谁知这个档次提高的广告却使脑白金销量一路下跌。无奈，史玉柱只能请回第一个广告，结果市场反应迅速好转，销售量大增。

问及广告档次上去了产品却不好卖，广告难看销售量却大增的原因，史玉柱给出了答案：不管观众喜不喜欢这个广告，首先要做到的是要给人留下印象。广告要让人记住，能记住好的广告最好，但是当时我们没有这个能力，那么就让观众记住坏的。观众看电视时很讨厌这个广告，但买产品的时候却不见得。消费者站在柜台前面对着那么多的保健品，选择基本上是下意识的，就是选择那些让他们印象深刻的广告。

2002年，脑白金广告以卡通老人的形式出现。相比较而言，不仅制作费用降低了很多，同时也吸引了更多的消费者。从此，脑白金坚定了这种单一的广告传播形式，本质不变，形式稍作改变。于是，人们在6年内看到了多种版本的卡通老人广告，如群舞篇、超市篇、孝敬篇、牛仔篇、草裙舞篇、踢踏舞篇，并且广告词高度一致，不是“孝敬爸妈脑白金”就是“今年过节不收礼，收礼只收脑白金”。

2001年，黄金搭档上市，史玉柱为它准备的广告词几乎和脑白金的一样俗气：“黄金搭档送长辈，腰好腿好精神好；黄金搭档送女士，细腻红润有光泽；黄金搭档送孩子，个子长高学习好。”在史玉柱纯熟的广告策略和全面的销售网络的推动下，黄金搭档很快走红全国市场。

很显然，史玉柱是个实用主义者，在他看来，广告片不是艺术片，企业家也不是艺术家。消费者记住了一个广告很漂亮，但有时却忽略了这个广告是卖什么的。脑白金广告虽庸俗，却最能直接表达它的用途和消费人群，这样做才是在遵守最基本的商业法则。

智慧透析

广告是一个企业营销沟通组合中的重要组成部分，是企业开拓市场的先导。一则好的广告甚至可以让一个品牌起死回生。相反，一则差的广告，不仅会给消费者造成误导，还会使产品落入无人问津甚至人人厌弃的困境。所以，企业必须要在制定合理的广告策略上下工夫，使自己的产品在同类产品中脱颖而出。

一个好的广告一定要能引起目标消费者共鸣，还要表达出一个直接的、清晰的观点，有的企业在制作广告的时候，总是希望巨额广告费花得值得，因此总想着在一段仅仅几十秒的广告里放上几十条想要表达的东西，这样反而会造成信息传达的模糊，消费者很难记住你到底想说什么。此外，广告还需要在创意上进行比拼，只有在创意上战胜竞争对手，广告才有可能一鸣惊人，使产品深入人心，最终成为同类产品中的赢家。

曾经执掌美国福特汽车公司与克莱斯勒汽车公司的艾柯卡可以说是一名广告奇才，他巧妙运用广告力量，创造出骄人的销售业绩。他曾说过："做广告跟起标题是一样，醒目是成功的前提。"他在福特汽车公司时，为了打破当时汽车销售疲软的局面，在推出新研制的轿车时，艾柯卡就宣言："新车必须华丽时髦、引人注目……"为此，他专门请来广告代理商为新车取名为"野马"。这款新型的"野马"轿车问世当天，福特公司专门选择了2600家报纸刊登整版广告。用艾柯卡的话说："整版广告可以避免视觉噪声、引人注目。"在广告宣传配合下，"野马"轿车第一季度的销量就创下福特汽车公司历史上的最高纪录。

同样，另一世界知名汽车业巨子法国雪铁龙公司也有经典案例。该公司每年的广告投入高达9亿欧元，它最为令人称道的一次大手笔是在埃菲尔铁塔上做文章。它曾在埃菲尔铁塔上装上由霓虹灯组成的7个字母——CITROEN（雪铁龙），这一巨型霓虹灯广告共耗费20万只6种不同颜色的灯泡，所用电线长达600公里，这个广告即使在40公里之外都清晰可见。如此规模的广告在当时堪称举世无双，这独特的广告不仅在巴黎乃至整个欧洲都引起轰动，也使雪铁龙这一汽车品牌名声大振，深入人心。

雪铁龙公司的广告从策划到制作一般都要经过这样几个审慎的步骤：一是市场背景调查，明晰产品目前的市场定位、竞争者的情况以及本品牌的优势等；二是确定广告的主题和目标顾客群体，明确广告的类型；三是制作广告，确定对外推出的时机，并对广告样本进行评估确认。在广告正式与观众见面前，公司会邀请一些观众来充当"审片人"的角色，他们不是随意被抽选出来的，而是具有一定的消费意向的特定消费人群。通过这样的层层把关，才能最大限度地保证广告的效果。

现在的市场，产品很容易走进高度同质化的境地，越来越多的企业开始意识到想要在产品上远远甩开竞争者已很难办到。现代企业的市场竞争力是商品力、销售力和形象力的综合体现，而这三力的构建，离不开广告这一营销沟通手段。

随着消费者越来越成熟，曾经的那种“一招鲜，吃遍天”的传播方式已经很难再行得通。单纯想要靠一条广告语，或者一个广告创意，或者一波广告投放，就打响一个品牌，几乎是难于登天的任务。企业要征服消费者，必须在广告上不断创新，从创意到发布，都要精益求精。

现在广告所要突破的最大难题在于“穿透混乱”吸引消费者注意。广告饱和已经是一个很现实的问题。一个居住在大城市的普通居民，平均每天要接触到大约2000个广告或信息刺激，而能给他留下印象的信息却只占极少的一部分。广告曾经是品牌建设最有效的方法和新产品渗透的原动力，但现在却面临着巨大的难题。对今天的企业来说，最短缺的资源不是资金，而是怎样想办法赢得最多、最广泛的消费者的注意力。

企业需要考虑新媒体给营销界和传媒界带来的巨大冲击，新媒体正在一点点取代旧媒体，举例来说，有家公司将原计划投放于旧媒体的广告预算的10%抽了出来，雇用了一个精熟新媒体的玩家，这个年轻人将公司广告和信息放在Facebook上，在twitter上联系顾客，开通博客，等等，他知道哪些方式能起作用，对那些有用的方式，公司再去追加5%的投入。这样做，既没有完全放弃传统媒体，又全面地运用了新媒体，双剑合璧，赢得最佳的营销效果。

消费者接收信息的方式正在发生巨大改变。在以前的品牌传播中，消费者属于单向接收信息的一方，与企业、与品牌之间很少存在互动，而现在，互联网改变了一切，它让平时很难与品牌进行沟通的消费者可以通过网络与之直接对话，告诉企业他们想要什么，不想要什么，喜欢什么，不喜欢什么……互联网拉近了企业和消费者之间的距离，企业可以主动获得和使用一些互联网媒体和工具，了解消费者，与消费者互动、对话，最终与消费者构建关系。

消除阻抗，让消费者不经意间接受你

美国《新闻周刊》断言，“饮用脑白金，可享受婴儿般的睡眠”。于是这让许多人产生了误解，以为脑白金主要用于帮助睡眠。其实脑白金不能直接帮助睡眠，夜晚饮用脑白金，约半小时后，人体各系统就进入维修状态，修复白天损坏的细胞，将白天加深一步的衰老“拉”回来。这个过程必须在睡眠状态下进行，于是中枢神经系统接到人体各系统要求睡眠的“呼吁”，从而控制人体进入深睡眠。

脑白金可能是人类保健史上最神奇的东西，它见效最快，饮用1～2天，均会感到睡得沉、精神好、肠胃舒畅。但又必须长期服用，补充几十年还要每天补充。

——史玉柱为脑白金所作软文截选

营销策略

以上文章是史玉柱精心策划的。在读者眼里，这篇文章的权威性、真实性毋庸置疑，没有直接的商品宣传，脑白金的悬念和神秘色彩就被制造出来了。人们禁不住要问：脑白金究竟是什么？消费者的猜测和交流使“脑白金”的概念在大街小巷迅速流传起来，人们对脑白金产生一种企盼心理，都想一探究竟，弄清真相。

由于老百姓的消费观念理性，加之对保健品信心不足，电视广告、报纸广告促销效果非常差。如何说服消费者重新走向市场掏腰包，是众多企业面临的首要问题。经过认真的分析，史玉柱决定选择在报纸上做“软文广告”，也就是新闻广告。早在20世纪80年代，“101毛发再生精”就成功地应用过，这种做法并不是脑白金的首创。脑白金的创新之处是它将软文广告发展到了登峰造极的程度。

1998年，整个报纸行业因为史玉柱的软文广告而热闹非凡。从东北的沈阳到南方的福建、广东，从东部的浙江到西部的重庆、四川，那些喜欢看报纸的人突然发现，报纸上的科普文章越来越多了。比如，“人类可以‘长生不老’吗（一、二、三）”“两颗生物‘原子弹’”“98世界最关注的人”等文章，持续轰炸，形成了一轮又一轮的脑白金冲击波。这些文章的思路都相当巧妙，都是以当时最热点的新闻作为切入点，然后引出有关脑白金的话题。

紧接着跟进的是系列科普性软文。例如：“一天不大便等于抽三包烟”“人体内有只‘钟’”“夏天贪睡的张学良”“宇航员如何睡觉”等。这些文章主要从睡眠不足和肠道问题两方面阐述其对人体的危害，并指导人们如何克服这种危害，将对脑白金的功效宣传巧妙地融入软文中。每一篇似乎都在谈科普，并没有做广告之嫌，读者读来轻松，由不得不信。

史玉柱的做法完全颠覆了当时广告的模式。当时软性广告刚刚在报纸上出现，而且多半都是豆腐块式的小篇幅文章，而史玉柱用了很多引人注意的标题，并用大版面刊登。文章所举例证引用了像美国宇航局这样有说服力的机构的观点，对消费者的冲击力很大。并且那时读者还习惯看报纸上的新闻报道，他们看不出那些文章是脑白金的广告，错以为是科学普及性新闻报道，很多人都把它当新闻来读，不存在阅读上的排斥，甚至连一些媒体编辑都上当了。

脑白金的软文广告在南京推广时，没钱在大报上刊登，就先登在一家小报上，结果南京的某大报竟然将脑白金的软文全部转载，其软文的质量可见一斑。

正是史玉柱这种登峰造极的宣传手法，让消费者在毫无戒备的情况下，接受了脑白金的“高科技”“革命性产品”等观点。当这些软文广告投放一段时间，多数消费者已经在心理认同脑白金之后，史玉柱就通过电视、广播等多种硬性广告渠道展开宣传。

史玉柱的“脑白金”刚面世的时候，保健品行业正值寒冬，它刚刚遭遇“三株垮台”“巨人倒闭”的连环事件，市场一片狼藉。舆论界、消费者对保健品行业的信心自“鳖精”风潮之后，第二次陷入低谷。

智慧透析

营销者的一个重要任务就是去解除阻碍消费者购买的一切“阻抗”。比方说，客户喜欢一款电子产品，但他心里担心以后很快会降价，那么营销人员，该怎么样解决这样一个问题？你可以告诉客户，如果客户买了这款电子产品之后几天内价钱下降了，我们将会向客户补差价。也就是说在未来降价的话，降价的这部分会退还给客户。如果，客户仍然不安心，他愿意分期来购买，但他担心在经济危机之下，他要是失业了付不起分期了，怎么办？关于这个问题，现代汽车给出的答案是这样的，如果顾客买了车之后失业了，现代汽车将给顾客退款并收回这辆车，这样的承诺让顾客可以无忧无虑地买车，不用担心以后失业了养不起车。再譬如，曾经有一家男装厂商，他们给顾客的承诺是，如果顾客买了他们的成衣之后失去工作了，顾客不仅可以保留衣服，还能拿回当时买衣服的钱。

在这些例子里，作为企业一方，看似很吃亏，将本该由顾客承担的风险都担了过来，但事实上，最后真正上门来索要差价、退款退货的客户又有多少呢？企业的这些承诺，主要是为了解除消费者购买的“阻抗”，帮助消费者尽快做出购买决策。

法国知名的化妆品品牌欧莱雅就很善于通过与消费者保持良好沟通，帮助消费者解除“阻抗”，从而接受欧莱雅的产品。

一个典型的例子就是欧莱雅的染发产品，最初该产品打入中国的时候，中国消费者尚未能接受染发的观念，许多人认为染发是“不正经”的表现，只有十几岁到二十岁出头的一些男青年才会把头发染得五颜六色到处横行霸道。欧莱雅为了消除消费者的这种心理影响，帮助中国消费者了解染发产品，邀请巩俐来做广告模特。巩俐是一位有很高国际知名度的中国影星，她拥有标准的东方人的头发，她身上具有东方人的高贵、典雅和美丽，欧莱雅邀请她作为品牌代言人，目的是告知消费者：染发是一种时尚，是适合中国人的。通过这种沟通，欧莱雅的染发产品很快在中国热销起来。

在非洲市场，为了快速提高欧莱雅在当地的品牌知名度，欧莱雅通过开办培训班的形式，向当地美发师介绍欧莱雅的护发产品，并教她们如何使用产品。通过这样的消费者教育，让当地的美发师都自愿接受欧莱雅，这样一来，欧莱雅很快就在当地建立了品牌影响力。

欧莱雅在面对消费者消费观念上的抗拒时，总是会积极寻求破解方法。无论是在中国市场请巩俐代言，还是在非洲市场请当地美发师宣传，都是为了解除消费者的“阻抗”而做出的积极努力。

顾客从注意产品到最后做出购买决策，这个过程中，会受到多方面因素的影响和干扰，而营销人员的任务就是去一一化解这些阻碍。其实，在平时，我们可以看到很多有经验的营销人员顺利地解决这些难题。比方说，一些训练有素的推销员在推销商品时，并不是直接向你提出买他的商品，而是先提出试用、试穿，接受他的殷勤服务和赞美，等这些免费体验实现之后，他才会提出让你掏钱购买的要求。像有的女性顾客本来没有购买衣服的打算，但是架不住推销员在一边热情地说：“不买也没关系，你先免费试试，看看效果，不会使你失去任何东西。”这样一来，顾客很可能真的会去试一下，而在试穿时以及试穿之后，推销员会抓住机会介绍产品，“瞧瞧，这衣服的款式和颜色跟你多么搭配啊，真漂亮！”就这样一步步引导，先是让顾客来体验，然后让顾客来进一步了解，最后让顾客爱上产品，这个过程就好像“登门槛”一样，一点点瓦解顾客的购买“阻抗”，使得顾客在不知不觉中就喜欢上了产品，甚至买下产品。

第二章 把人性研透，将人心抓紧

不欠老百姓一分钱

关于破产，我想强调一点，即使巨人破产，我个人也要还老百姓这个钱。曾经有债权人想提请破产，后来又没有提。

因为巨人就剩个巨人大厦，进入破产程序大厦就要拍卖，拍卖是拍不出多少钱的，因为全要现金，再扣掉律师费，他一算拿不到多少钱。

——史玉柱2000年在央视复出，誓言还债时讲话

因为我们坚信我们将来还是要做大事的。背着污点做不了大事，谁都会说："这个人把公司搞得一塌糊涂，欠老百姓的钱也不还。"这样的话你将来什么事都干不了。

——史玉柱答记者问

实际上，我们还是想将来做一些大事的。如果你曾经搞成一个烂摊子，而且这个烂摊子最后还是以非常不好的方式——破产来结束，我将来再做大的话，比如说到银行贷款，就会带来很多（的）不方便。

——史玉柱答记者问

假如不还，我想将来企业做大了，合作上可能就会出现问题。因为你亏了钱不还钱，人家对你就有畏惧心理，还了之后，本来是个污点，现在可能就变成对你有好处了，（能）更轻易（地）找到合作伙伴。现在我们到银行贷款，银行也不用我们抵押，他们说只要史玉柱在，只要史玉柱签字，就可以贷款给我们。

——史玉柱答记者问

营销策略

你的产品，你的企业凭什么凝聚人心？史玉柱也许会给我们答案。

1998年巨人倒塌，史玉柱身负2.5亿元巨债。史玉柱和巨人集团，突然失血，连起码的自救手段都没有。在最困难的时候，巨人集团连诉讼的流动资金都无法拿出，毕竟，想要拿回别人的欠账款，需要先交一笔诉讼费和律师代理费。所以在当时，史玉柱一度被香港的媒体讥讽为“中国巨负”。

得人心者得天下，史玉柱很清楚这一点，他决定不遗余力地把老百姓的钱给还上，于是他从朋友处获得50万元资助，从江阴起步，辗转南京，然后进军上海，依靠脑白金东山再起，史玉柱在长江三角洲长驱直入，迅速打开了市场，并扩展到全国，到2000年，销售额超过10亿元。史玉柱依靠脑白金的销售，终于还清了老百姓的血汗钱。

2001年2月15日，对史玉柱来说是一个特殊的日子，这一天是他旧债全部清偿的日子。他说道：“我过去是给老百姓打工，干的都是赚钱再给老百姓还钱的事。这个月15日以后才真正开始干自己的事业。我自己的事业现在还没有开始。”“这些年很多人问我，将来的目标是什么？我说将来的目标谈不上，现在的目标很清楚，就是合法经营、获取利润。获取利润干什么？把老百姓的钱还上，然后才能谈我的发展。”

史玉柱不欠老百姓一分钱，这一举动在企业界中获得了高度赞扬。联想集团前董事长柳传志评价史玉柱还债时说："当他做脑白金赚了第一桶金以后，忙着要还账。当时对这点我真是认同，而且觉得也很不容易。摔了跟头的人，甚至饿了肚子，更知道钱有多金贵，拿到了这个钱以后，还想到先把该还的账还清，然后再重新起步。我觉得他就有做大事的潜质。"四通集团董事长段永基则说："史玉柱还钱表明他企业的诚信，表明了他做人的诚信。这对他未来的商业前途是一个非常高回报的投资。"

然而在此之前，史玉柱面临的更多是质疑，2001年1月，史玉柱以"借钱还债"的形式重新面对媒体时，有人攻击他这么做是在"作秀"或者给自己的复出打广告，但是在史玉柱看来，他需要恢复自己的企业家形象："我认为人应该有个社会责任，这一次创业比第一次要难得多。第一次创业从4000元钱起家，就是说从零开始吧。我这一次可不是从零开始，我要从负数开始，从这个负数开始，尤其开头是最难的，当然在开始的时候，我就给自己定（了）两个阶段。第一个阶段，老百姓这部分钱就是由我个人来还，我努力的第一个目标就是先挣钱，通过做实业、做产品，先挣钱。挣了钱，先把这部分钱还掉，然后再发展自己的事业。老百姓的钱一定要还，有一句话'得人心者，得天下'，假如你要把人心失掉的话，你将来再也不（可）能重新辉煌起来。"

在媒体的每一次追问中，通常听到史玉柱的回答是：

"因为我们坚信我们将来还是要做大事的。背着污点做不了大事，谁都会说：'这个人把公司搞得一塌糊涂，欠老百姓的钱也不还。'这样的话你将来什么事都干不了。

"实际上，我们还是想将来做一些大事的。如果你曾经搞成一个烂摊子，而且这个烂摊子最后还是以非常不好的方式——破产来结束，我将来再做大的话，比如说到银行贷款，就会带来很多（的）不方便。

"假如不还，我想将来企业做大了，合作上可能就会出现问题。因为你亏了钱不还钱，人家对你就有畏惧心理，还了之后，本来是个污点，现在可能就变成对你有好处了，（能）更轻易（地）找到合作伙伴。现在我们到银行贷款，银行也不用我们抵押，他们说只要史玉柱在，只要史玉柱签字，就可以贷款给我们。”

智慧透析

看一个企业是不是成功，不仅要看它的股东满不满意，它的客户满不满意，还要看一般社会公众满不满意。企业应该以强烈的社会责任感创立品牌，建立市场网络，参与国际合作。这样不仅保持竞争优势，提升了社会形象，而且赢得广泛尊重，最终获得了辉煌成就。

世界经济论坛与福莱国际曾对132家世界领先的跨国公司联合调查，结果显示：企业声誉超过财务业绩成为衡量企业成功的重要指标。而另一项对欧洲、亚洲、北美洲首席执行官的调查显示：公司名誉是全球范围的首席执行官们越来越关心的一个重要问题，并且首席执行官们越来越倾向于从战略的角度考虑这个问题。有专家认为：“企业之间的竞争经历了价格竞争、质量竞争和服务竞争，如今已开始进入一个新的阶段——声誉竞争。”

企业要充分履行企业公民的责任，应承担起对社会各方的责任和义务。例如，为消费者提供安全可靠的产品、为员工提供更好的工作环境和福利、同经营合作伙伴建立良好的关系、为社会创造就业机会、关注环境和社会公益事业、为社会发展作贡献等。

越来越多的实例向我们表明，企业，特别是沃尔玛、星巴克、耐克、麦当劳等知名度较高的跨国企业，在品牌建设方面的路径依赖，正在由传统的广告方式转型为履行社会责任的方式，也就是在通过积极主动地履行社会责任来再造企业文化，重塑企业形象，并由此打造企业品牌影响力。所以，对于企业而言，承担社会责任，才能增强企业的影响力。

我们首先以沃尔玛为例。沃尔玛曾经主动采取两项举措：一是为了减少企业二氧化碳排放量，将其庞大的物流车队的效率提高100%；二是为达成节约利用资源的目标，将其各卖场的能源耗费量减少30%。沃尔玛这样做的动机很简单，因为有民意调查表明，由于公司在资源、环境等社会问题上的以往立场及做法，已经有8%的买主表示不再光顾沃尔玛。所以沃尔玛的举措是为了使自身的品牌力量不致因对资源与环境责任的缺失而受到削弱。

2008年1月，中国南方遭遇了50年一遇的罕见冰雪灾害。在温家宝总理看望受灾严重的京珠高速湖南路段受困群众后的几小时内，青岛啤酒紧急抽调湖南区域上百名员工，给上万名受困群众送去了面包、饼干、纯净水、棉大衣等救助物资。青岛啤酒员工与政府、媒体一线记者、广大部队官兵在刺骨的寒风暴雪中共同给受困数日的群众带去温暖。从1月29日早8点到30日凌晨2点，一百多名青岛啤酒员工奔走在京珠高速上，在救灾物资都已发放完毕的情况下，青啤员工毫不犹豫地将身上的棉袄也脱了下来，送给被寒冷折磨的司机和乘客。而他们穿着单薄的衣裳继续传递爱心。

在全国助残日活动期间，青岛啤酒特为残奥会捐赠150万元人民币，用于残奥会的筹备和赛事使用，支援中国残疾人体育代表团更好地备战残奥会，让更多的残疾朋友参与进来，感受奥运带给大家的激情与活力，青岛啤酒用爱心的火炬传递履行奥运公民责任，尽显对推动全民奥运的专注。作为中国“最具社会责任感企业”之一和“中国最受尊敬企业”，青岛啤酒靠的是实实在在的行动，社会的认可和肯定是它“社会价值高于企业价值”的充分体现。

与青岛啤酒一样，一些低调的企业及其幕后的企业家在这次抗震救灾中则可谓“一鸣惊人”。2008年5月18日晚，由多个部委和央视联合举办的募捐晚会上，“王老吉”背后的生产商广东加多宝集团因为1亿元的巨额捐款而“一夜成名”。加多宝集团代表阳先生手持一张硕大的红色支票说：“希望灾区人民能早日离苦得乐。”这1亿元的捐款成为当时国内单笔最高捐款企业，加多宝集团顿时成为人们关注的焦点。

就在加多宝宣布捐款1亿元的时候，社会公益产生的口碑效应立即在网络上蔓延，消息传出10分钟后许多网友第一时间搜索加多宝相关信息，加多宝网站随即被刷爆。接下来“要捐就捐1个亿，要喝就喝王老吉！”“中国人，只喝王老吉”等言论迅速得到众多网友追捧。

王老吉的真情实意打动了每一个中国人，有网友说：“喝王老吉不仅仅会甜在嘴里而且还会甜进心里！”“每次喝王老吉，心中都有一种莫名的感动！”……网上一个名为“‘封杀’王老吉”的帖子号召大家“买光超市的王老吉，上一罐买一罐”。在广州某职高校内小卖部，一个整月才卖了两三箱王老吉，但仅5月19日、20日这两天，王老吉就卖断货了。

上述优秀企业的实践已经证明，履行社会责任可以彰显企业形象，提升企业品牌影响力；而社会责任缺失，则会丑化企业形象，令企业品牌蒙羞。企业履行社会责任与企业品牌建设有着直接的、深切的联系，履行社会责任已经成为企业品牌建设的新的路径。

海尔集团首席执行官张瑞敏曾说：“利润和企业社会责任不是博弈关系。一般情况下，追求利润的最大化是企业的生存之本，也是企业应享有的基本权利。但同时，企业承担着必要的社会义务。这种权利和义务的对等关系构成了企业理念的基础。”

把“有钱”和“有闲”的聚到一起

让穷学生和亿万富翁在点卡面前一律平等，这是不对的，不符合市场规律。有86%的用户是从来不消费的，我们要赚有钱玩家的钱。

——史玉柱的游戏开发名言

营销策略

史玉柱是网络游戏领域的有钱人，也是中国最喜欢盯着人们的钱包做生意的商人。从某种角度说，史玉柱永远只会做暴利生意，因为他所有的财富创造机会都来源于人性的弱点，他每做一行都把自己置于消费者的位置，消费者需要什么他就提供什么。

在《征途》研发之初，史玉柱就对中国的网游玩家进行了阶层划分。他认为，中国的玩家可以分为两类：一类是整天泡在网上，将大量时间投入升级的“职业”玩家；另一类则是白领，没有太多时间练级，却有着较强的消费能力。史玉柱曾坦言，自己在玩游戏时，虽然每月消费上万元，但还是不能满足自己的消费冲动。所以，如何通过合理的模式将“有钱”和“有闲”的两类玩家聚集到一款游戏中，就成为设计《征途》的根本出发点。

“中国大量有钱的老板如果玩游戏，他们在什么情况下会大量花钱，然后以这个目标来设计游戏。”这就是巨人网络游戏设计的最高指标。《征途》把目标客户定位为有钱的玩家，只要花钱多，就能获得好的游戏体验。

“把所有的游戏功能全部装进去”，这是史玉柱为了满足玩家需求而做的“大手笔”：“在《征途》里只要你花钱，就可以买好的装备和道具，并不需要慢慢去练习升级。”而在此之前，网络游戏的玩家是要通过代练或者外挂来获取好的装备和道具的。代练和外挂在很多网络游戏中是禁止的，最具代表性的就是盛大《传奇》打击外挂的力度是十分大的。而史玉柱看到的是玩家的需求，有钱的玩家是很需要外挂和代练的，所以在《征途》里他公开这种买卖，赚外挂和代练的钱。

《征途》运营数据显示，玩家在线处于最高值时，3%的用户为其贡献了70%的利润。这也证实了史玉柱的观点。

2004年年底，史玉柱刚入网游行业时，业内人士觉得这个做保健品的来做网游太不靠谱，人又过于张扬，失败已成必然。然而到2006年年底，《征途》月赢利达到850万美元，同时在线人数超过100万，仅次于网易。一方面痛骂《征途》，另一方面又认真学习《征途》的赚钱术，已经成为中国网游业人士最热衷的两件事。

2007年12月29日，史玉柱在推出第二款自主研发的网络游戏《巨人》时声称，要把《巨人》打造成一款"美女玩家"最多的网络游戏，前期宣传中，甚至放话"只要确认她是一位美女玩家，就给她6000元的充值"。从《征途》开始，史玉柱就充分发挥网游中"美女"的作用。

艾瑞2007年网络游戏用户行为调研显示，只有37%的女性玩家在参加了游戏中的玩家社团后对游戏的观感会受到其他玩家的影响。相对于男性玩家，女玩家的游戏行为更松散，更缺乏归属感，也更容易流失。网游公司采取的补救措施不外乎扮"可爱"、养"宠物"、换"衣服"这三招。

《巨人》则独辟蹊径，不仅给美女玩家开年薪，还推出女性角色特有的职业：特务、驯兽师和舞娘，并针对女性角色设计了特有技能，"美女玩家"不再只是"花瓶"，她们已成为团队中不可缺少的一员。

其实，关于"美女"战略，史玉柱早在《征途》中就用过。在中国网络游戏玩家心目中，《征途》游戏中"美女云集"，就连未接触过《征途》游戏的玩家，也会用"听说里面有很多美女"来形容这一款游戏。

"有美女的地方就有人气，人气则意味着生意"，这条商业准则给了史玉柱灵感。"男玩家特别喜欢给女玩家埋单，这个比例很大。"史玉柱说。

针对玩家人性弱点有的放矢地创新，史玉柱将《征途》带上了稳定发展的征途。就如行业资深人士针对《征途》说的："不管别人怎么说，只要对的就坚持，只要有利于玩家的就尝试，只要对行业发展有促进的就探索，这才是硬道理。与其说史玉柱对'网游'深入研究，不如说他对人性把握很准。"

史玉柱的《征途》《巨人》能为他带来源源不断的财富，就在于他将人性弱点成功转化为财富。无论哪一种行业，只要人性的弱点被充分开掘出来，经常就是一种生意的开始。

智慧透析

成功的营销就是发现、开发营销机会并从中受益的艺术。每一家企业或多或少都在收集信息，但是，信息本身并没有价值，只有当信息转变为顾客洞察，转变为营销机会，企业才能真正从信息中获益。一个适逢其时的好机会，有的时候，能够成就一家出色的企业，像搜索之于谷歌，社交网站之于Facebook，很多世界知名的企业，它的起点往往就是基于一个绝佳的机遇。

每一个企业都想成为市场中的黑马，而关键在于企业是否有一双火眼金睛，能找到那个空白点。市场到处充满机会，不管是区域空白点还是消费者空白点都有待挖掘。当一个企业能够抢先进入这样一个市场空白点，往往就能够取得巨大的成功。

先知先觉型的企业，它们对事物的发展规则有较清晰的认识，能够预测未来的变化潮流，善于把握时代脉搏，看待问题具有前瞻性，而且知道如何去做才更有可能成功。这种类型的企业一旦发现机会就敢于第一个吃螃蟹，当然第一个吃螃蟹的企业由于其行为都是开天辟地，前无古人的，所以被“扎到”“夹到”是很正常的，关键在于这些企业能创造性地解决探索道路上的种种困难和挫折，一次次跌倒了却一次次地坚强地爬起来，信心百倍，坚持不懈，所以他们更容易发现并把握机会，也更可能成功。

很多人都听说过美国大名鼎鼎的中央情报局（CIA），它拥有世界上最庞大的情报机构。可是在经济和商业方面，强大如中情局，在日本三菱商事公司面前，却都只能自叹弗如。三菱商事在世界各国设立了100多个办事机构，每天收回的电信资料可绕地球11圈。有人说，日本人收集情报像梭子鱼一样厉害，他们什么都不放过，甚至连饭店的菜单也都翻译出来。 通过这样令人匪夷所思的情报搜集工作，他们常常能领先别人一步发现机会。举一个例子：当年，中国在东北发现大庆油田后，日本一家公司光凭报上刊登的几幅新闻照片和简单的文字资料，细细推断，判断出了油田的准确位置，在那个时候，油田的名称与位置还都属于严格保密的内容。然后这家公司派人实地调研，根据当地的气温、湿度等气候条件为大庆油田量身定做了有关设备，并借此在设备招标会上成功赢得了这个大项目的订单。

这个故事已经过去几十年了，然而日本公司这种对机会的判断能力和把握能力仍然令人惊叹，值得学习。一个企业的先知先觉，在旁人看来是幸运，是运气，但其实，这往往建立在大量的信息搜集和深入的分析研究之上，没有这个基础，是难有准确的判断的。

对于任何企业而言，最好的竞争就是没有竞争。市场并不是一块铁板，看似成熟的市场，里面也一定有机会；看似强大的对手，其自身也有破绽和软肋。关键就在于企业能否发现机会，这一点至关重要。

《孙子兵法》里面有句话是这么说的："激水之疾，至于漂石者，势也。"石头怎样才能在水上漂起来？速度决定石头能否在水上漂起来，速度亦决定企业能否浮在市场的巅峰。牌少，就要利用速度弥补企业其他方面的不足，包括强大竞争对手的跟进、用足用好手中已有的牌、速度越快越好，千万不能退缩。所以，企业一旦发现了好的营销机会，出手一定要既快又狠。

企业不赢利就是在危害社会

商业是什么？商业的本质就是在法律法规许可的范围内获取最大利益，我是一个商人，做的事情就是在不危害社会的前提下为企业赚取更多的利润。赚钱又宣扬道德的，不是商人，而是慈善家。企业的目标是赢利，企业不赢利是最大的不道德。当年巨人集团垮掉的时候，是社会，是员工，是投资者在承担企业失败的恶果。所以，我反思，自己今后运营企业，一定要遵纪守法，一定要规范，在法律许可的范围内做大家认可的东西。

——摘自《史玉柱：2002年回应〈南方周末〉记者对团队不离不弃的看法》

营销策略

对于企业家的赢利和商业道德的关系，也就是企业家利润和责任之间的问题，北京大学光华管理学院院长张维迎有过精彩的讲述，他认为：

“一方面，在一个健全的市场制度下，企业追求利润、为客户创造价值以及承担社会责任之间，不但不矛盾，而且是基本一致的。利润是社会考核企业，或者说考核企业家是否真正尽到责任的最重要指标。没有这个指标，我们没有办法判断企业行为是损害还是帮助了社会。

“另一方面，在一个制度缺陷比较严重的社会中，利润可能不是考核企业行为的最佳指标。这时候我们应该想办法，使这个制度变好，使利润能够真正反映企业和企业家对社会的贡献，而不是抛开对社会制度的变革，用说教的方式解决这个矛盾。”

史玉柱办企业搞投资获得这么多的利润，也希望成为一个对社会有贡献的企业家。做脑白金，“今年过节不收礼，收礼只收脑白金”这句广告词被许多人评为最烂广告语。特别是在史玉柱做网游之后，人们认为网络游戏毒害下一代，他更是遭到许多人炮轰，甚至被认为没有商业道德。顶着人们对网络游戏批评的巨大压力，史玉柱依然坚持认为游戏本身就是用来娱乐的，而并非是为了教育，他说道：“我看有些人士在网上评论《征途》收费模式这个事情，完全不就事论事，尽是扣一些大帽子，什么‘贫富分化影响玩家和谐’‘收费制度加大玩家负担’，还有人甚至说我们的网络游戏教育意义不大，对社会进步起不到什么好的作用。我真的是很纳闷：网络游戏本来就是一个娱乐行业，大家在里面玩得开心就行，加入那么多教育内容那还是娱乐行业吗？那应该是教育行业做的事情。当然现在也有些教育类的网游，对青少年进行思想教育，但《征途》当初定位就是一款纯娱乐的产品，与教育八竿子打不着。”

这样的回答，显然引起了许多媒体的炮轰，随后相继爆出许多不利的评价。对此，史玉柱似乎看得很平淡：

“我以前也挺在乎别人对我的评价，摔过一次跤以后，我开始对外面的评价不在意了。以前别人怎么看我、别人怎么看巨人，好像还是一件很重要的事情，现在我觉得不是很重要了。媒体包括写书的作者他并不能代表真正的民意，我不是太在乎他们怎么说。另外，在1997年我最困难的时候，骂我的人比现在多很多，那样骂过来一轮之后，我对这个的抵抗力就很强了。

“舆论上的一些东西对我帮助不大，威胁也不大。最近几年，我做事做得很少，你想抓我的把柄也不容易抓到。民营企业出事的那几个人，都有一个共同特点：做事做得多，产业多，一个产业的项目多，我不一样，很单纯。”

同样是互联网行业，同样是知名企业家，马云却坚决表示不做网游，认为那是于民于己都不利的事情，他一直被认为是注重社会责任感的代表。相较而言，有人认为史玉柱是个逐利性比较强的企业家，对他的行为表示质疑。史玉柱表达了自己对处理商人逐利和社会责任关系的观点，他说：

“我认为自己和马云没有任何区别，都是一样的。从公平角度，如果你把他划入好的一类，那么我也应该被划进去。如果你把他往坏的一类划，也应该把我划过去。另外，关于社会责任和商人逐利，我觉得做企业，追求利润是第一位的。你不赚钱就是在危害社会，对这个我深有体会。

“我的企业1996年、1997年亏钱，给社会造成了很大危害。当时除了银行没被我拉进来，其他的都被我拉进来了。我的损失转嫁给了老百姓，转嫁给了税务局。企业亏损会转嫁给社会，社会在担这个负责。所以，我觉得，企业不赢利就是在危害社会，就是最大的不道德。

“另外一点，我觉得在运营企业时，第一不能违法，第二要尽量做大家认可的东西。我现在就经常跟我的团队说，要做一些有益的东西。比如我的知识问答题库，把游戏往健康的方向引。”

对于史玉柱的回答，人们似乎并不满意。在《征途》游戏出来之后，负面新闻纷至沓来，人们最大的指责是《征途》打着免费的幌子推出一些涉嫌赌博的游戏内容。对此史玉柱表示：

“我建议持有这种观点的人重新去读读中国的法律。在相关法律条款上，赌博需要具备四个要点：第一是以赢取他人财物为目的；第二是赌资必须是金钱或金钱等价物；第三是赢取的必须是金钱或者金钱等价物；第四是金额数量较大。只有同时具备了这四个特征，才能算是赌博，请注意，是同时具备。而《征途》完全不具备任何一个特征，怎么可能涉嫌赌博。

“中国这么多公司通过网络游戏赚钱，而且这些游戏的收费比我们高得多，为什么都把矛头对准《征途》，好像我们招惹了全世界人民似的。”

在史玉柱看来，过高的道德期许，将赢利弱化的做法，本身就是对企业评价的不道德。同企业失败的社会后果相比，游戏产业可能存在妖魔化的舆论倾向。但这并非史玉柱本身所能接受。

智慧透析

中国人力资源开发研究会理事李直认为，史玉柱是个工作狂，也是个思考狂，但是很奇怪，他过于追求商业模式，很难看出他的商业理想，更像是个赚钱机器。

不过，真实的史玉柱仍然是流淌着道德的血液的。只不过，有思想并善于表达的企业家可以称为企业思想家，这个群体的代表人物有柳传志、任正非、马云、任志强、李东生等。相对而言，史玉柱并不是很善于表达的人。

史玉柱在多个场合说话用“我们知识分子”来开头。有人用“生意人”给他定位，他很不愿意接受，他的理由是“知识分子是褒义词，生意人是贬义词”。他认为自己是知识分子的最大标志是学历，他读过本科，也读过研究生。1993年6月，珠海市召开的第二届科技进步特殊贡献重奖大会上，史玉柱是特等奖的首席获奖者，成为珠海第二批重奖的知识分子。

不过，他的本质身份是商人，他的所有光环都是作为商人而获得的。在改革开放以来的30多年中，企业家如同浮云一般，各领风骚三两年，很多企业家或是倒下，或是销声匿迹，或是赚了钱收山。相比之下，史玉柱过山车般地崛起、倒下、再崛起，成为中国企业界的传奇。

“现在，我已经没有什么远大的理想，也不是想要赚多少钱。尤其是这次地震，我感觉一个人平平安安地生活，就是最大的幸福。一个企业也像一个人一样，它能安安稳稳地发展，别出什么事，就是最大的幸福。现在，我绝对不会像过去那样追求高速增长。一个企业负债率不高，员工的收入也很多，大家的生活又很安定，工作积极性也还在，我觉得这就是一种非常好的局面。”

少了许多对经济利益的追求，注重精神追求和人文关怀，这样的史玉柱看起来越来越“像”知识分子。

我们推出的，就会是最好的

骗人的产品的成本也不可能是零。这样，何不做好的产品呢？ 做网游时我们就平移了这种策略，一定要做中国最好玩的游戏，让玩家主动告诉别人这个游戏好玩。在线人数跟宣传没什么关系，跟题材和形象代言人也没有什么关系，这一点跟保健品很相似。所以从保健品到网游，产品的内在逻辑是一致的。

——2009年史玉柱如此总结保健品的产品战略

在目前网游行业的大环境下，再没有捷径可走了。可以说，想杀出重围就只能和对手拼产品，以优质的游戏去征服玩家。

——史玉柱营销语录

脑白金，一个好的产品，脑白金是我几十个产品里面挑的，当时在我困难的时候我分析，一个保健品要成功要靠几个因素，第一个要有好的产品，第二个要有好的团队，第三要有好的管理和团队，有这几方面产品不可能不成功。

——摘自《史玉柱：2009年江苏卫视〈巅峰中国〉栏目讲话》

营销策略

好的产品，在史玉柱看来是创业成功的一个关键因素。可以说，这是史玉柱那些传奇性的商业行动中，最为成功的一部分经验。在他看来，这是整合资源，集中力量，单点突破的关键。

“在目前网游行业的大环境下，再没有捷径可走了。可以说，想杀出重围就只能和对手拼产品，以优质的游戏去征服玩家。”在史玉柱看来，2006年他看到的《传奇世界》游戏不过是个泥足巨人，已经毫无竞争优势，而他的游戏只要出现，一定会战而胜之。

对于中国网络游戏，他也有了新的看法。“在我眼中，之前中国还没有能及格的游戏，我们公司的产品一定要先过我这关，所以只要是我们推出的，就会是最好的。”

企业要想永远成为市场的主体，并拥有一定的市场占有率，就应该永远不间断地研究和开发新产品，才能够在激烈的市场竞争中立于不败之地。史玉柱看到了这一点，所以他带领自己的团队研发了《征途》，网友在评价它时，这样说："征途不但继承了魔兽世界的某些优点，而且在它的基础上升华了其苍白的群P系统。引入了许多更适合国人的游戏理念。"

要想满足顾客需求的变化，企业就必须创新。创新的主体是企业，而企业创新的根本是产品创新。企业只有进行产品创新，不断地使产品更新换代，才能赢取人心，迅速占领市场。

智慧透析

任何企业的发展成长都需要通过经营一种或一种以上的产品实现其目的。但是，选择什么样的产品，怎样推出产品以赢得市场，从来都是企业经营中存在的一个关键问题。

产品投入市场时，最先靠的是产品的独特性和价格优势，随之而来的是质量的角逐。当市场中同类产品趋多，产品质量相差无几时，单纯靠价格和质量已经不容易打开产品的销路，这时就要采用更高级的营销战术，了解产品价格与质量背后的营销意义。

对外，营销是从市场开始，从发现顾客和创造顾客开始。在企业内部，营销是从产品设计开始。产品是营销的基础，是营销的生命。所以一定要建立起产品营销观念。

作为当今世界制鞋业首屈一指的制鞋公司，美国麦尔维尔—高浦勒斯制鞋公司的产品遍销全球，年销售额高达60亿美元。其产品如此畅销，除产品质优价廉外，还与公司领导人费兰西斯·诺利注重对消费心理学进行研究，使每一双鞋充满人情味有很大关系。

麦尔维尔—高浦勒斯制鞋公司的产品曾一度陷入滞销的尴尬境地，而费兰西斯·诺利受命于危难之际——在公司处于举步维艰之时担起总经理重任。上任后，对消费心理学有过深入研究的诺利采用新的营销手段，赋予产品以感情色彩，终于使公司转危为安，并且还创下了不俗的销售业绩。

诺利认为市场既是企业之间交战的战场，也是企业和消费者进行感情交流的场所。而要战胜对手，获得消费者的青睐，企业就必须赋予产品以情感。这是因为，当今很多消费者购买鞋子已不仅仅出于防冻和护脚的需要，而更多是为了显示个性和生活水准。

费兰西斯·诺利实施了一种人性化的营销模式。首先，要求公司的设计人员彻底改变传统的单一的设计风格，而将设计风格引向多元化。后来，该公司的设计人员推出了“男人味”和“女人味”、“狂野”和“优雅”、“老练”和“青春”等不同风格的鞋子，在款式、色彩的配置等方面使鞋子的风格趋于多元化。

同时，麦尔维尔公司还给每双鞋取了一个独特的名字，诸如“爱情”“愤怒”“欢乐”“眼泪”等，使每一双鞋都充满生命和情感，满足了不同消费者的情感需求。此外，麦尔维尔—高浦勒斯公司还为鞋取一些稀奇古怪的名字，诸如“笑”“泪”“爱情”“愤怒”“摇摆舞”，等等，恰似有生命的物体，令人耳目一新，回味无穷。

不出所料，人们争相购买麦尔维尔—高浦勒斯公司的产品。凭着“给产品赋予感情色彩”的诀窍，麦尔维尔—高浦勒斯公司进入了持续的销售高潮。

麦尔维尔公司善于把握消费者的心理需要，对消费者的个性化需求提前做出积极的响应。他们十分清楚，成功的营销不仅仅是提供实用实惠的产品，还要使自己的产品具有人情味，让每一个产品都有自己的生命。

如今的市场竞争越来越激烈，如麦尔维尔公司一样，企业需要对产品做出更加个性化的规划，才能确保产品在激烈的市场竞争中立于不败之地。一般来说，产品的个性化主要可以从以下几个方面规划：

（1）突出产品特色。企业应该刻意宣传其产品中最有特色的方面，舍弃与竞争产品的共性，使自己的产品与竞争产品距离拉大。如日本的东芝冰箱侧重宣传其产品省电的特色，松下系列录像机则强调磁带适用范围广的特色。

（2）突出地域优势。某些产品的产地或原材料来源地与产品的质量和特色有密切关系，如香味醇正的“哥伦比亚咖啡豆”、晶莹剔透的“泰国香米”等。在消费者看来，原产地盛产此种优质原料，生产的产品从质量上来说，应该高于市场上的同类产品。

（3）突出性能优势。产品本身的优越性能以及由此获得的利益能使消费者认可它的定位。如在20世纪60年代，柯达公司为此研制了一种新型全自动“傻瓜”相机，意即连傻瓜都会使。柯达公司在广告中宣称：“你只要按下键钮，其余的事由我负责。”

（4）突出消费者类型。生产不同用途或性能的产品，以适应不同类型使用者的需求，使之定位于不同的消费者群体。世界各大体育用品公司利用消费者对产品多品种需求的市场特点，一改早期不论从事何种运动，穿的都是胶底鞋的局面，根据不同的运动特点生产出多品种的专用运动鞋，如各类田径鞋、球鞋、旅游鞋、登山鞋等。

（5）突出使用差异。Michelob啤酒公司根据啤酒使用场合为自己定位，将原来是周末饮用的啤酒定位为每天晚上饮用的啤酒，然后扩大啤酒的饮用场合，提高了产品的销售量。

（6）突出产品创新。在多数情况下，产品的生产并不是要和某一特定竞争者竞争，而是要和同类产品互相竞争。当产品在市场上是属于新产品时，不论是开发新市场，或是为既有产品进行市场扩张，都可用这种方法来为产品定位。淡啤酒和一般高热量啤酒的竞争，就是这种定位的典型例子。

保证品质，把产品做精

其实三四年前我就想自己投资做网游，那时候就有人告诉我，太晚了，现在还是有人跟我说这句话。但我觉得只要能拿得出过硬的产品，就绝对不算晚。

——2006年史玉柱开发《征途》，坦然面对外界对其资金的质疑

我们脑白金可能成功的，第一是产品观，我们当时分析，一个好产品要具备两点，第一是从理论上、科学上是好产品，第二这个“好”不是你厂家说的，是消费者服用过之后自己有不同的感觉，有感受了，说这个产品吃了有效，形成好口碑，要有这两点。

——摘自《史玉柱：2009年江苏卫视〈巅峰中国〉栏目讲话》

营销策略

原本，史玉柱对免费网络游戏并没有深入的渗透，他原本制定的目标只是占据市场的一席之地，然后慢慢复制脑白金的成功。然而，事情的发展超出了他的预期。

2006年4月8日，《征途》正式公测新闻发布会在上海举行，为营造火爆气氛和展示真诚，主办方设计了名为“PK史玉柱”的媒体提问环节。许多资深IT媒体人与史玉柱PK了一把，他们给出当时公认的网游厂商排名表，问史玉柱是否认可，并让他给自己排名。史玉柱的答案是：“关于《征途》排第几，年底再看。”

在2007年年初的各项评估中，以在线人数、营业收入等主要运营指标衡量，《征途》不仅相对增长最快，而且在绝对总量方面已经超越“三驾马

车”成为行业第一名。当初怀疑史玉柱的嘴巴被这些数字堵上了。但是，新的疑问又出现了：凭借脑白金和黄金搭档将中国保健品市场搅得天昏地暗的史玉柱，用了什么手法一举超过网游的“前辈们”？

史玉柱表示，“好玩”是网游成功最根本的保障。“在供应充分、竞争激烈的市场中，取胜的产品不可能仅靠营销、宣传这些辅助手段，最终和最根本的手段必须是产品品质比别人强。”

产品质量是企业的生命。企业的领导者是产品质量工作的第一负责人。企业要想在激烈的竞争中基业长青，就必须建立运转有效的、从产品设计到售后服务全过程的质量保证体系，以完美之心要求自己，打造完美产品。

智慧透析

产品质量是营销的根，任何企业都不要在产品质量上打折扣。

某厨具有限公司是一家集研发、生产、销售与服务于一体的专业厨具公司，产品深受广大消费者的追捧及赞赏。它专业生产陶瓷合金无油烟超硬不粘锅、不锈钢系列等厨具产品，在国内外同类产品中占有领先地位，同时也引发了新的厨房革命，倡导了无油烟、健康、环保的厨房潮流。

该公司无烟锅成功的秘诀就在于，项目总经理刘先生对无烟锅的质量看得非常重。随着业务量不断增多，刘先生始终并没放弃对质量的把关，相反，他对无烟锅的质量管理更加细致入微、更加严格。每次产品进入包装盒之前，他都与质检人员一起进行质量检查。有一次，在例行进厂检查时，他发现有一口无烟锅的锅底磨得太平了，于是马上召集全体技术人员开了一个小会。

在会上，他捧出那个无烟锅对大家说：“其实，如果把这个无烟锅放到包装盒里，完全可以卖出去，它只不过是锅底部磨得平一点而已，但锅身处理得相当好，可是我却要把它拿出来作为不合格产品，以后，类似产品一律不准出厂，也不准再回炉利用。因为我们的无烟锅应该是最完美无缺的产品。”他的话一讲完，大家都鼓掌表示赞同。

后来，刘先生还把每一个不合格产品都挂在厂门口的墙壁上，并且注明生产日期，是谁生产的、用哪台机器操作出来的。慢慢地，出厂的无烟锅质量合格率几乎达到了100%。

如果把产品比作一个人的话，包装是人的外表，品质就是人的内心。外表好看而内心卑劣的人，自然不是优秀的人；同样，品行端正而外表邋遢的人，自然也会遭到轻视。

国内某啤酒企业向美国出口小瓶啤酒。该啤酒原料和工艺是一流的，酒色清亮，泡沫细密纯净，喝到嘴里更是醇和可口，跟外国啤酒相比，一点也不逊色。但是令人奇怪的是，这种啤酒运到美国以后，一点也不受市场的欢迎，严重滞销。

公司的领导很着急，就高薪聘请了一家市场调查公司进行市场调研分析。分析结果显示，问题出在了啤酒的包装上。美国人崇尚个性，喜欢自由，而这家公司在瓶身上印的广告语却是“人人都爱喝的啤酒”——正因为人人都爱喝，所以个性的美国人都不愿意选择。同时，酒瓶的质量很差，颜色暗淡，看上去很不上档次。

公司领导根据调查公司的建议，将广告语换成“喝不喝，随你”，期望这句个性十足的广告语引起啤酒爱好者的关注；与此同时，他们采用具有五种色彩、颜色鲜亮的瓶子。三个月之后，该公司向美国的出口量已经由每月10万箱增长到60万箱。显然，包装的变化，使其获得了成功。

企业管理者要避免两种极端：一是“烂稻草裹珍珠”，一是“绣花枕头一包草”，把握好质量和包装的辩证关系。好的产品一定是内外兼修的产品，在注重产品品质的基础上，突出包装个性，给顾客以美的视觉感受，从而引起顾客消费欲望，最终达到销量增加的目的。

企业管理者要善于在内在品质与外在包装之间找到最为完美的结合点，不仅使优秀的产品品质在包装上展现出来，也让优秀的包装下有着过硬的品质在支撑。

质量是产品的一个重要属性，也是产品差异化的一个重要因素。产品品质有两个要素，即水平和一致性。营销人员首先要选定一个可以支持其产品在目标市场中的定位的质量水平，包括产品的整体耐用性、可靠性、精确性、容易操作和维修，以及其他有价值的属性。

质量一致性指无缺陷及提供特定质量水平的一致性。所有厂商都应努力追求高度的质量一致性。譬如，一个普通冰箱的质量水平固然比不上海尔冰箱，但是普通冰箱的质量一致性也可以和海尔冰箱一样好。

质量必须从消费者的角度来评估和确定，也就是说，营销学刻画的是“市场驱动质量”，而不是“工程驱动质量”，即是适用质量，而不是性能质量。科特勒这样定义产品的质量：产品质量是指符合标准质量，即没有产品缺陷，以及目标性能质量标准的前后一致性。

为此科特勒特别强调，企业的产品不一定要追求最高质量，但质量必须反映出消费者对其认可和接受的程度。也就是说，凡是对消费者来说没有起到相应作用，或者是对消费者来说没有体现出合理的消费价值的产品质量，无论是符合哪种质量标准的产品，都是无意义的。

第三章

营销自己，做最懂消费者的那个人

培养企业家特质

IBM是国际公认的蓝色巨人，我用“巨人”命名公司，就是要做中国的IBM，东方的巨人。

巨人公司像是赤膊上阵，一招一式全不同于传统套路，而更使对手退避三分的是他那“初生牛犊不怕虎”的气势。

巨人公司的目标，是要在两三年内全面赶超四通，成为中国最大的计算机公司。要在不远的将来成为中国最大的企业，最终成为世界巨型企业——东方的IBM！

——摘自《1992年7月后珠海巨人集团公司内刊〈巨人报〉》

营销策略

熊彼特说，企业家精神是一种无法掩饰的特质。即便在普通得不为人关注的时候，企业家的某些特质还是“青山遮不住”。

1984年，史玉柱于浙江大学数学系本科毕业。以学业成绩看，他并不突出，甚至略显平庸。史玉柱后来回忆说：“那时候长江以南的，成绩好的人并不想上清华、北大，都去上了浙大。所以，我们那个班里聪明人太多，学习好的也太多了。”

成绩徘徊在中等，学习动力不足，史玉柱还是做了一件与“个性”契合的事情：从浙大跑步去18里外的灵隐寺，一跑就是四年。

毕业后，史玉柱被分配到安徽省统计局农村抽样调查队，相比留校搞科研，这个工作无法让他满意：“这挺荒唐。数学不是加减乘除，数学系主要是逻辑，是大脑体操。”

工作不久，史玉柱前往西安统计学院进修，学习计算机抽样调查方法。美国教授精彩的计算机演示，让他第一次意识到了计算机的重要。于是他说服领导，南下广州，花5万元钱扛回了一台IBM电脑。在史玉柱的创业过程中，IBM让人印象深刻，这是他所有创业梦的灵魂载体。

史玉柱用IBM电脑编写的数据统计程序，在应用中反映很好。IBM电脑激发了史玉柱的创业灵感。“我是从原单位统计局看出这个市场需求的。当时每个单位都花2万元购置一台四通打字机，同时也购置电脑。大多数情况下，电脑总是被放在一旁不用。我就想编一套软件，取代四通打字机，直接用电脑打字。”

在深圳大学读研究生后，27岁的史玉柱再也无法安静下来。毕业后，史玉柱辞职，决心开发M-6401桌面文字系统。这个软件压缩成的一种卡，可以装进电脑主机里，“汉卡”一词由此而来。1990年年初，史玉柱“潜”回深圳大学，蹭机房，在这里，他加班加点、昏天黑地地编程序，调试，终于改造升级出功能更强大的M-6402。接着他联合另外三个伙伴——钱宇、姜巨满、蔡玮，用他带来的4000元钱，承包了深圳大学科技工贸公司电脑服务部。深圳业务的扩张，让史玉柱很快意识到，他需要一家自己的公司，而且这个公司应该和IBM有关。

“蓝色巨人”IBM是中国影响最大、销售市场最广的电脑品牌。企图在每一台电脑上都加入汉卡的史玉柱，毫不犹豫地在“汉卡”的标签上显示出标配的巨人广告。在普通人看来，巨人汉卡似乎是IBM中国通用标准配置产品。

1991年4月，基于珠海当时更好的商业环境，史玉柱在那里注册了一个新公司。

新公司的全名是“珠海巨人新技术公司”，注册资金200万元，员工15人，他们和史玉柱一样年轻。史玉柱这样解释公司的名字：“IBM是国际公认的蓝色巨人，我用‘巨人’命名公司，就是要做中国的IBM，东方的巨人。”虽然公司注册在珠海，但直到1992年7月之前，公司事实上的总部仍然在深圳。

在巨人公司的内刊上，史玉柱一遍遍地向员工们宣布自己的目标——“超越四通，东方巨人”。与此同时，史玉柱的团队也在惊人地扩张。11月，巨人公司的员工增加了一倍，达到30人，M-6403的净利润达到了1000万元。

1992年，史玉柱和巨人的企业形象已经深入人心。不管是他本人、公司员工还是整个社会，都把巨人看做一个具有高技术含量的科技企业。作为媒体的宣传典型，人们相信它将成为“中国的IBM”。

1992年7月，史玉柱把巨人公司迁往珠海。两个月后，“巨人新技术公司”迅速升格为“珠海巨人高科技集团公司”，史玉柱出任总裁，巨人集团下设8个分公司，员工发展到100人，成为仅次于四通的全国第二大民营高科技企业。巨人甚至成为了珠海经济特区的城市品牌，二十多年后，人们提到珠海，仍然立刻想到史玉柱和巨人。

1992年12月底，巨人集团主推的M-6403汉卡年销售量达到2.8万套，销售产值共1.6亿元，净利润3500万元。这一年，巨人集团营收整整扩大了五倍。

1993年，巨人公司仅软件及手写电脑一项业务就创下了3.6亿元的收入。6月，在珠海市召开的“第二届科技进步特殊贡献重奖”大会上，史玉柱成为特等奖获奖者，奖品是黑色奥迪轿车、三室一厅的住宅和63万元人民币。那一年，他31岁。

智慧透析

管理大师迈克尔·波特和奈特非常推崇熊彼特所指的“企业家精神”。这种精神包括：建立私人王国；对胜利的热情；创造的喜悦；坚强的意志。这种精神，尤其体现为一个巨大的战略目标和为达到目标坚韧有力的执行力。

在中国下海创业的企业家中，单就成长速度和理想的距离而言，史玉柱的巨人无疑是最接近成功目标的。这与创业者的执着精神有关，史玉柱堪称这一时期最有激情、最接近硅谷的创新精神的人之一。

史玉柱的特点在于，他的战略目标要比同代人大得多，执行力强得多，对利润更敏感。方正集团，在计算机时代技术基础接近蓝色巨人，创业者王选不太看重激光照排的经济价值，强调技术的社会价值，使得方正始终无法走向企业化。联想柳传志、四通张近东和爱国者冯军，则是另一个极端，他们从代理和渠道起家，关注销售带来的十元和五元的利润。爱国者冯军，当时的绰号叫“冯五块”。这时期的多数经理人，都相信这句话：“没别的本事，玩儿命满足消费者。”

斯坦福商学院的企业家创新中心研究发现，硅谷创业的成功率通常只有4%左右。大部分起初梦想成为诸如IBM、思科、惠普、微软、苹果之类的初出茅庐者，会在三年内销声匿迹。最普遍的原因是创始人稍微失败，就可能见异思迁而改行，或者跑得太慢，无法适应变化。

拿破仑说：不想当元帅的士兵不是好士兵。创业者，并不一定天赋异禀，但一定是个充满希望的造梦者。这是因为，任何创业，都意味着风险和不确定性。没有理想和目标，缺乏创业的激情和想象力，坚持创业将是一件失败风险极高的事情。而对于企业家来说，冒险的天性让他们更易成功。

永远保持危机意识

就像比尔·盖茨的说法，“微软离破产永远只有18个月”。我比他惨，只有12个月。

任何一个企业都是在赌，什么叫赌呢？比如说做一项投资，没有百分之百把握的时候，应该说都是赌。但作为搞投资做项目，任何一个企业都不敢说自己百分之百能够成功。

——摘自《史玉柱2002年在深圳大学管理学院答记者问》

带分公司经理去旅游，我们经理都拍照，我不爱拍照，为什么拍照，是为了给将来回忆过去提供依据，我也拍，我是看哪个建筑好拍这个建筑，或者是什么景色好拍这个景。

我不太喜欢回忆过去这些事。我很大一部分精力都是想明天的事，一个人的精力是有限的，除了脑袋只能想十几个小时，多想明天多好。

——摘自《史玉柱：2009年回应外界风传巨人大厦重启讲话》

营销策略

作为一个失败过的创业者，而且是中国最著名的失败者，史玉柱的危机感超出常人。2002年在母校深圳大学，他曾经意味深长地说：“我总结出一条规律，中国没有一个企业是没有波折的。不同的是，如果是上市公司，如太阳神、长虹、哈慈等，每一波都能挺住。我在重新开始时，很认真地分析了自己和巨人的优缺点。发现优点和缺点都不少。”

史玉柱看来，如今自己的破产危机只有12个月，危机感的加深和耐挫能力的提高，成为他第二次创业给人们最深刻的印象。这种危机感，主要体现在史玉柱的姿态上，从前高调的他，选择了回避外界的质疑，转而静悄悄地推进巨人网络的商业模式。

如果说1998年之前的史玉柱，创业是为了荣誉的话，那1998年之后，随着巨人大厦的倒掉，他的虚荣心也倒掉了，重新焕发的是他的商业兴趣。在新世界里，史玉柱说得最多的词语不是钱，不是富豪排行榜，而是他和他的团队是否“开心”。最重要是对自己的工作保持高度兴趣和热情，愿意研究解决问题的各种可能性，例如创造新的商机、给顾客提供更好的售后服务等，而不只是机械化地套用某种现成的思考模式。

从脑白金到黄金搭档，史玉柱还是稳扎稳打，一直扎在生物保健品领域，不露声色地让自己的团队风生水起。但随着利润的增加，史玉柱再度对保健品的未来产生了担忧，按照他的产品生命周期观点看，他需要转行，于是，史玉柱将目光投向了网络游戏。

2004年时，刘伟、程晨等公司高层同意了史玉柱大胆进入网游的“冒进行为”。史玉柱评价这次董事会说：“当年从IT进入保健品业时，所有人都反对；现在从保健品回到IT，所有人都赞成。”当时在外界不少人看来，2005年年底，在史玉柱宣布进入网络游戏市场的时候，破败景象已经出现，整个行业进入了疲软期。不过，今天看来，那时网络游戏还只是个开端，中国本土其实并没有一款真正的国产游戏。而中国的网民数量正在以每年两位数的速率增长，这意味着本土必将有更大更持久的网络游戏产业潮到来。

智慧透析

及时把握创新的机会是一个成功企业家必备的特质。企业家时刻都要有一种危机意识：在不危及企业的利润和安全的前提下，主动适应市场的变化从而获得市场的主导权。

自然危机一样，能及早识别企业危机的存在，采取措施将危机扼杀在摇篮之内，是成本最低的危机处理方式。能够从先兆中预测到危机，并提出防范危机的决策，比挽救危机更重要。因此，企业管理者要清醒地意识到，懂得在危机来临的时候正确及时妥当的处理固然重要，但要真正消除危机的隐患，还必须组建危机管理小组建立一套企业危机预警机制，预防强于治病。

“一家企业要在市场中总是占据主导地位，就要做到第一个开发出新一代产品，第一个淘汰自己现有的产品。”企业只能依靠创新所带来的短期优势来获得高额的“创新”利润，而不是试图维持原有的技术或产品优势，只有这样才能获得更大的发展。

史玉柱的产品生命周期理论和危机感结合，是他长期行业运营的经验之谈，在史玉柱的创业历程中，从一次创业多元化，再到二次创业成功，每次推动史玉柱的“冒进”动力的就是产品寿命的周期到了。

即便是多元化的失败，也是因为产品的增长利润开始出现寿命问题。到后来主动转向网络游戏，也是因为史玉柱意识到他的机会又来了。能够在每一个产品阶段，识别有潜力的产品，保持产品更新换代的能力，是一个创业企业从上到下的基本能力。

当然，培养危机感和创新的结合能力，还需要结合时代特色，在这方面，创新的意识还源自灵活的小团队的危机创业感工作方式。这方面我们需要学习谷歌的优良经验：

谷歌组织结构的基本原则是“将有智慧有激情的员工针对关键问题，分成3～5人的小团队，扁平化的组织，以海量的计算资源和数据作为支持，同时允许工程师抽出20%的时间，根据兴趣自己确定研究方向。”

谷歌有个内部交流的网络平台，鼓励工程师们将自己的创新点子放在这里，由其他人对这些点子做出评价和建议，如果这些在20%的时间内自由发挥的结晶最终落实为具体的产品，将有1000万美元的创业大奖。在这些政策的激励下，谷歌团队不断创新，从搜索服务扩展到新闻、地图、图书等多个领域，并且开始全球化运营。

用更合理的方式解决问题

我年龄大了还主观，总是以为自己对，但其实是错的。比如当时有玩家说我们的游戏黑，我说那就取消收费好了，可结果是取消后伤害了很多人民币玩家，导致他们流失。现在管理层对玩家和互联网的理解更深刻，他们会权衡人民币玩家和非人民币玩家的尺度，采用更合理的方式解决问题，而不像我经常感情用事。

——2013年4月9日，史玉柱在新闻发布会“服老退出”感言

营销策略

2013年4月9日，在广西桂林的巨人《仙侠世界》发布会现场史玉柱宣布，自4月19日起正式卸任巨人网络CEO，临别说了一句：“以后你们很难看到我了，拜拜。”这是人们最后一次在公开场合看到史玉柱在巨人网络相关活动中的身影。

2010年3月《征途2》的发布会上，史玉柱在没有和团队成员商量的情况下，流露出退意。当时的史玉柱表示，如果游戏取得成功，自己将会选择退休。虽然外界当时将这一消息解读为史玉柱为《征途2》炒作造势，但事实上这是不自觉的真情流露。

相比他的退休，人们更感兴趣的是，史玉柱这样的业界大人物，是不是退而不休。对此，史玉柱坚定地表示只希望公司给他一个“首席游戏体验玩家”的席位，继续游戏下去。

除了公益事业和旅游，自己最愿意做的事情，还是玩游戏。毕竟，自巨人汉卡研发以来，他就和程序、计算机有着不解之缘。在经历失败之后，重新崛起的史玉柱对于计算机和巨人这个创业梦想一直有着难以割舍的感情。

史玉柱对于游戏的热爱，乃至成功，说到底和别人是不同的。从巨人汉卡时代起，技术始终不是史玉柱的强项，甚至这从来都不是史玉柱关注的重点。从某种角度来说，史玉柱的成功，从来都是消费者的成功。

史玉柱不一定懂游戏产业，但是他的确最懂消费者。这在《征途》游戏的成功中表现得最为明显。

对于自己研发的产品，史玉柱非常得意，在谈到《征途》这款游戏时，他冷峻的脸上难得地露出几分炫耀与得意之色。作为一个资深的玩家，他表示："我们发现中国历史上争斗最激烈的时刻就是改朝换代时，中央控制（被）削弱，所以我们这款游戏一上来，背景就是老皇帝驾崩，太子被杀，诸侯群起。"

史玉柱充分发挥想象力，巧妙地将历史情境运用到网络游戏当中，试图将民族精神发扬光大。《巨人》游戏的背景发生在2060年，中国科技发展突飞猛进，占据了世界最尖端地位，中国成为世界上最发达的国家。然而回顾历史，14名热血青年对200年前西方列强"火烧圆明园"深感愤怒。为雪前耻，他们开始了时空穿梭之旅，来到1855年的中国。1855年，清政府软弱无能，农民纷纷起义，自立为王。热血青年们不顾现状，专注在民间迅速普及科学文化知识。民间科技水平空前提升，迅速领先西方国家200年。当西方列强不知天高地厚，扛着落后的毛瑟枪耀武扬威入侵时，面对坦克、导弹、航空母舰等现代化武器目瞪口呆，中国民众反抗西方列强的精彩戏剧由此拉开序幕。

在《征途》游戏的设计道具和程式上，史玉柱更是对消费者的心理把握得极为精准。他第一个设计免费运营游戏，在史玉柱看来，他的消费者都是大忙人，网络游戏是他们的休闲乐趣。对于失业的青年来说，要是打装备可以生活，他需要他们的投入；他第一个在游戏中加入"股票系统""宠物代练系统"，这些体验性、生活气息浓厚的游戏，正好符合大众的需求。

这些设计满足了人们的需求，因此能够在第一时间吸引大批的玩家。这也是《征途》游戏远远超出市场预期，创纪录地实现在线人数突破的关键。

智慧透析

每一种产品进入市场后，它的销售量和利润都会随时间推移而改变，呈现一个由少到多再由多到少的过程，就如同人有“生老病死”一样，由诞生、成长到成熟，最终走向衰亡，产品同样有生命周期现象。

产品的生命是有限的，企业在不同的阶段都会面临不同的挑战，产品的利润有上升的时候，也会有滑落的时候，企业需要运用产品生命周期概念，设计出不同生命周期阶段的不同的营销、财务、制造、采购与人力资源等策略。

具体来说，产品生命周期的四个阶段分别具有下面的特征：

（1）导入期：新产品一经推出，导入期便开始了，企业在导入期要有一定的耐心，这个阶段需要花费一些时间，销售增长也比较缓慢。现在一些知名度极高的产品，像速溶咖啡、速冻产品，甚至是汽车，在进入快速成长阶段之前，它们都经历了很多年的“慢生长”。

新产品的导入，是典型的“第一个吃螃蟹”的行为，风险与利益共存，企业应努力做到：投入市场的新产品要有针对性；进入市场的时机要选准；将销售力量和资源集中投向最有可能的购买者，促使市场尽快接受产品，以缩短导入期，加快进入成长期。此外，在开拓市场的同时，企业应积极地构建竞争壁垒，防止后来者居上，抢夺市场。

（2）成长期：新产品如果能够很好地满足市场需求，就将进入成长期。新产品经过市场导入期以后，消费者对该产品已经熟悉，消费习惯也已经形成，销售量迅速增长，这些特征都说明产品已经进入了成长期。

成长期是赢利的良好阶段，由于市场需求上升，竞争者还不多，企业可维持一个相对较高的价格和利润，成长期的价格通常较高，销量较大，平均利润水平应高于导入期、衰退期，甚至成熟期。在产品成长期，企业的营销策略的核心是尽可能延长产品的成长期。企业要维持产品的成长，就必须做出多方面努力，如改进和完善产品，寻求新的细分市场，改变广告宣传的重点，适时采取促销策略等。

（3）成熟期：市场上大多数的产品其实都处在生命周期的成熟阶段，这个阶段企业将面临最大的生死挑战，市场开始洗牌，实力薄弱的竞争者不得不退出，行业最终会由竞争中胜出的少数几家巨头主宰，它们可能是质量领先者，也可能是服务领先者或者成本领先者。企业在产品成熟期最主要的任务就是努力成为这几大巨头之一。

在产品成熟期，企业的营销策略应该是主动出击，尽量延长成熟期，具体来说，可以进行市场改良，也就是开发产品的新用途或者寻找新用户来扩大产品市场；可以进行产品改良，也就是通过提高产品质量，增加功能，改进款式、包装，提供新的服务等方式来吸引消费者。

（4）衰退期：产品经过极盛时期后，开始由盛转衰，产品销量下降，利润大幅减少，严重的情况下，产品甚至会被淘汰，退出市场。

大多数的产品与品牌最终都会走向衰退。引发这种衰退的原因很多，比方说技术进步，消费者口味变化，还有竞争日益加剧等。激烈的竞争，利润的衰减，使得大批企业退出市场，留存下来的企业，会通过减少产品供应、放弃一些细分市场、砍掉赢利不佳的渠道、削减预算、降低价格等方式来自保。

需要注意的是，并不是所有的产品都会遵循这样的生命周期。有的产品进入市场不久就“水土不服”立刻消失了；有的产品能持续保持成熟期的状态；有的产品进入衰退期后，由于企业采取了得力的营销举措，又回到了成长阶段；还有的产品展现出了“基业长青”的生命力，比方说可口可乐、美国运通、富国银行等，历经百年，它们仍在各自领域保持强劲势头。

所以说，企业需要掌握产品的生命周期，但又不能死板地被产品生命周期牵着走，比方说，当产品销量由盛而衰，变得很不景气时，有的企业会认为产品已到衰退期，就贸然地将产品放弃，这种“营销近视”很可能会让企业错失一个仍存在市场价值的好产品。产品步入衰退期，并不代表无法再生，如果采取合适的改进策略，企业很可能再创产品新的生命周期。

搞投资需要低调理性行事

我既不是一个成功的投资家，也不是一个成功的企业家。我觉得我过去可能还想往实业家的方向发展，现在实际上是一个投资者，说难听点儿就是一个资本家的身份。“巨人”已经是一个资本领域的品牌了，我更喜欢“资本家”这个职业。

——史玉柱给自己的人生定位

营销策略

史玉柱认为，自己早已实现从一个做实业的企业家向做投资的资本家的转变。在巨人投资有限公司筹备成立期间，史玉柱在接受媒体采访的时候说：“新的巨人公司将是一个投资控股公司，我将出任法人代表，以生物制药、保健品为主，还是私营企业性质。巨人的牌子还要用，尽管它存在着许多污点。我的主管产业一定只有一个，在无风险的大前提下以参股的形式有限介入其他行业。”

史玉柱旗下产业众多，其中包括“巨人”“健特”“四通”《征途》等，但是史玉柱的名片上只标明“巨人集团巨人投资公司董事长”一个头衔。史玉柱说，自己的事业主要就是以这个投资平台为起点，一步步向外参股。他强调，巨人这块都是自己的，下面的子公司开始有高管和合作伙伴的参股，比如《征途》，巨人投资了主要部分，还有二十几个高管持股。

史玉柱认为："搞投资的更需要低调行事，无须任何宣传。"因此，尽管他非常擅长营销，经常让自己公司的产品广告在媒体上出现，但对资本运作和项目投资，他非常低调，往往是项目成熟之后外界才知道相关消息。

2003年年末，史玉柱将"脑白金"和"黄金搭档"的商标知识产权及75%的分销网络以11.71亿港币的价格卖给四通电子，也就是后来的四通控股。由于手里拿着大量现金，他又一次产生了投资的冲动。再三权衡之下，他决定投资银行业，并成为华夏银行的第六大股东，中国民生银行的第八大股东。

可是，在史玉柱给自己定位为"资本家"的时候，有些人认为他在投机。已经软着陆的史玉柱吼道："我永远不会套现走人。"

他说："在通过脑白金完成了基本积累后，我投资了金融，因为不想犯错误。但这块居然也有负面声音，说我们炒股票，搞投机。我拿着华夏跟民生股份四五年了，没卖过，这怎么算投机？从正面可以说很有眼光，但我做啥事都有人从负面说。当年我还债，80%的评论也是负面的。"

除此之外，史玉柱还将巨人的业务构成进行了划分，他说："我一个是还在做保健品业务，（保健品）销售网络我们是75%在香港四通控股里面，25%还在我们自己手里；另外一块在做银行的投资，投了华夏银行和民生银行，这是为了公司资金可流动性的需要，我们必须放一部分资产作为可变现的现金储备。还有就是网络游戏。"

由此可见，此时的史玉柱并非当年巨人大厦时期的"吕蒙"，他的理性似乎已经达到一个常人难以企及的高度，他有着非常清晰的投资思路。对此，他表示：

"任何一个行业今年赚钱明年未必能赚钱。回过头来看这10年来的洗衣机、电视机行业，当时是很赚钱的，但是目前来看，没有一个成为朝阳产业，最后搞得大家都不赚钱，所以一个企业不能在一棵树上吊死。但是搞多元化也不行，至少我认为自己不行。基于这种情况，我认为应该结合比尔·盖茨与李嘉诚的路子：集中几乎全部的人力投入主营产业，集中一半的财力投入主营产业，留一半的财力投入容易变现且不需要投入很多精力的其他产业。当主营业务出现危机时，可以通过这一块在现金流量方面给予支持。”

史玉柱对“李嘉诚+盖茨”的模式有着深刻的认识，他说，比尔·盖茨做专业领域的“纵”，李嘉诚做投资规模的“横”。前者死认准一个产业，将一个产业做透，使股价迅速增值，而后者是看什么行业赚钱便做什么，涉及的行业有几十个。李嘉诚是以投资家的身份，通过高明的投资手段、严密的项目论证，使其集团规模扩大的。这两个企业领袖人物，是他一直在学习和研究的对象。

巨人大厦失败之后，史玉柱凭借脑白金不仅还清了老百姓的债，还获得了丰厚利润，使手上的现金越来越多。很快他便捕捉到了银行的机会。史玉柱认为：全国性银行不会破产，首先是管的人多，上市银行有证监会管它，银监会管它，股民管它，相对来说它犯错误的概率要小一些。全国银行真要出问题了，国家要管它，因为牵涉到稳定问题。考虑到这几个因素之后，史玉柱决定投资上市银行。所以，在外界还在讨论保健品生命周期的时候，史玉柱手里已经握有22亿元银行股票。

除了保健品、银行业之外，史玉柱一直没有放弃IT行业。对他而言，网游是逃避现实的另一个江湖，“在那里大家不分高低贵贱，没有什么烦恼。”软件程序员出身的史玉柱在房地产、保健品、银行等领域转了一大圈之后，以这种近乎完美的方式回归IT产业。“我终于找到了自己的归宿，感觉很好，退休前我只会做这一件事。”

智慧透析

在很多行业，一些公司即便有实力挑战市场领先者，他们也不会贸然采取这种策略，而更可能选择做一个跟随者。市场跟随者在技术方面，它不做新技术的开拓者和率先使用者，而是做学习者和改进者；在营销方面，不做市场培育的开路者，而是搭便车，以减少风险和降低成本。市场追随者通过观察、学习、借鉴、模仿市场领导者的行为，不断提高自身技能，不断发展壮大。

当今的激烈市场上，企业的产品差异化及形象差异化很低，价格敏感性也高，此时价格战可能随时爆发。在这些产业中，怀有短期夺取市场占有率的心态只会激怒同业，遭到报复。因此，明智的策略是跟随市场的领导者，以相同的产品（通常是模仿领先者的产品）提供给客户，从而获得较稳定的市场占有率。

并不是所有的企业都愿意充当带头大哥的角色。跟随战略对中小企业而言，是有可取之处的。哈佛商学院的企业战略理论指出，并非所有在行业处于第二位或第三位的企业都愿意充当挑战者，成功采取追随者战略的企业也能获高额利润。一些企业通过模仿或跟随创新者推出的新业务，虽未必夺得第一，却能获得很好的利润。因为跟随不必承担用于创新的费用，也规避了创新的风险。

相反，挑战者策略很容易引起领先企业的愤怒，发生对抗或冲突。如果挑战型企业的实力足以与行业领导者抗衡，那么，这种策略还有一定的可实施性，但如果企业与领导者之间差距明显，那么，直接挑战行业老大就会有极大风险，甚至可能引来领导者的反扑与报复，使企业遭受灭顶之灾。

市场追随者策略是将本企业的产品位置确定在目标市场上现有的竞争对手的产品旁边，创造性地进行模仿和改进。一些实力不太雄厚的中小企业大都采用此策略。采用这种策略的好处在于：其一，企业可以省下大量的研究开发费用，模仿并改进竞争对手的产品，向市场销售自己品牌的产品；其二，行业领先者尝试在前，已经为产品进入市场做了很多的推广宣传，已经培育好了市场，这时候，跟随者进入，能减少很多风险，还可节约推广费用，减少产品滞销的可能性。

譬如，当当网上书店联合总裁俞渝就曾说："对亚马逊的财务报表，我比一些华尔街的分析师们还要熟悉。我会用当当的指标和它一一做对比，最新的结果是，9项指标中我们只有库存周转率不如它。"俞渝毫不讳言对亚马逊这个世界最大、最知名的网上书店的模仿和学习。她将当当网比作是"学龄前儿童"，而"亚马逊"已经是进入"青春期"了。她说："中国古话说得好，'三人行必有我师'，'择其善者而从之'。当当不以当学生为耻，因为有得学比没得学要好。"相较之下，当当更在意的是"成功"而不是"复制"。俞渝在实施模仿战略时的心得，即是"要以开阔的心态和眼界去学习，并且在学习中重新建立适合企业本地化生存的新规则"，"用笨方法，从骨子里学"。这是俞渝认为当当之所以能够将网上购物这样的新事物，在中国成功推动的"模仿要义"。

创新可以带来先发优势，但跟随、模仿同样可以创造出后发优势，收到"前人栽树、后人乘凉"之效。企业采取追随者策略的前提条件是，这个市场的需求潜力还很大，还有很多未被满足的需求，还可以吸纳新产品进入。此外，企业推出的产品虽然可以模仿领导者，但也要有自己的特色，要能与竞争对手的产品区分开，这样才能立足于这个市场。

每一个跟随者都试图将独特的利益带给其目标市场，保持其现有的顾客并赢得适当的新客户占有率。跟随者常是领导者和挑战者攻击的目标。因此，市场跟随者必须维持低制造成本及高产品品质与服务。跟随并不等于被动或仅模仿领先者，它应在新市场打开时立即进入，并抓住机会超越对手。

要超越能者，必须以能者为师，这在商场上是司空见惯的事情。在学习过程中，企业不仅可以看到超越对象的优点，更能看到超越对象的缺点，充分学习强大竞争对手的优点，并有意避免对手的缺点，自然能够战胜对手，成为新的霸主。

承受风险，做企业必须要冒险

我就是个赌徒。做企业，不可能不冒险。赌，单纯说好和坏我觉得不能那么看。关键看你冒险的程度。

我们上市后，将会把资产分为三块，一块是主营业务，第二块是占有资产最大的，就是投资可变现的、收益不是太高的，但从长期来看又不错的金融产品，比如金融股如民生银行的法人股。法人股有什么好处呢？如果资金出现问题时，这些股权可以马上脱手，或者是等着他上市，那样收益至少是5倍。

第三块才是真正的冒险，看好项目，就以兼并等方式介入，这一块不能超过公司净资产的三分之一。做成了，也许会比前两块的生意大得多。失败了公司也不会破产。我现在还要赌，只是不会把全部身家拿出来。

——摘自《史玉柱：2002年深圳大学管理学院答〈21世纪人才报〉记者问》

营销策略

2002年3月23日，深圳大学管理学院举行“五周年华诞杰出校友论坛”。软件科学89届硕士研究生史玉柱，受邀在母校演讲《百折不挠的巨人》。

自1996年巨人大厦坍塌后，长达4年的时间里，史玉柱音讯全无，似乎人间蒸发。主办方深圳大学宣布的邀请名单中“史玉柱”赫然在列，这一消息立刻在全国新闻界沸腾起来。最终，深圳大学国际会议报告厅的论坛，变成了“史玉柱复出”的新闻发布会。论坛结束后，史玉柱尴尬离场的抓拍照片，也成为媒体八卦的头条。

史玉柱回来了。让所有人感到最为惊讶的是，素来被认为“高调、狂妄、偏执”的神话人物史玉柱，居然承认自己是一个赌徒。

当时在场的《南方周末》记者回忆说：“他说，‘我现在还是要赌，只是不会把全部身家拿来赌。’”至少在史玉柱本人看来，媒体记者们是巨人集团过早“倒掉”的一个致命因素。不少记者怅然若失，似乎话题人物的“话题”正在消失功用。

今天看来，史玉柱此次另类“复出”抛出的创业“赌徒论”，可能是一个精心策划的公关事件。公关策划的目的是，史玉柱需要人们自然地欢迎“新创业者归来”，希望人们能够宽容巨人的失败，承认试错的代价。

“赌徒论”的内容其实就两条，第一，创业是有风险，类似赌博；第二，现在的史玉柱正在降低风险。言外之意是史玉柱的创业经历值得信赖和同情。

在深圳大学的论坛上，史玉柱一边针对媒体说：“媒体对我太关注，老挑我刺儿”，“媒体能躲就尽量躲，躲得越远越好！”过去数年，对巨人盯得最紧的《南方周末》记者，深感不悦。另一边，面对师友和师弟师妹们，史玉柱似乎在打“悲情牌”。他充满感情地说，挑战珠峰让他脱胎换骨，大彻大悟，“人已经不行了，当时只想活着回来。你想人都死过一回了，还有什么可怕的。”

这一策略事实证明是十分成功的。在一段时间后，对史玉柱新创业的关键产品“脑白金”的质疑归于沉寂。直到今天，脑白金依旧是中国保健行业长盛不衰的产品。而且，也大致从这一年开始，中国媒体界对于创业失败的敏感度也逐渐降低。作为知名财经作家吴晓波《大败局》的主人公之一，史玉柱从负面的媒体形象中解脱出来。似乎像“滑铁卢战役”一样，现在的史玉柱较之从前光环之下的他，更像一个巨人。

也就是这一年，中国媒体和社会开始广泛接受“硅谷创业失败”的宽容文化：创业容许失败，更宽容失败。人们也开始对“赌徒”转向同情，一种反思创业成败的思潮逐渐兴起。

史玉柱的这一次公关之所以成功，“赌徒论”之所以如此轻易被人接受，客观上还源于他并不是孤独的失败者。1996年巨人失败，两年后，1998年中国国有企业改革开始。再就业、再创业，成为中国社会转型的主旋律。经济大势的戏剧性变化，无意中冲刷了民营企业失败的社会影响。

减员增效、依靠创新，增加社会要素的流动性，提高管理效率，成为20世纪90年代末中国的主流。也正是从史玉柱的巨人失败后，一大批“史玉柱式”的创业者，开始走向中国经济的前台。柳传志出现了，任正非出现了，宗庆后出现了……

这些下海创业的典范，让知识分子创业代表史玉柱的失败变得更加柔和。社会的负面关注，也即所谓的“负能量”的影响也终于走到尽头。

智慧透析

“做企业不可能不冒险。”史玉柱认为，对企业经营和管理，主要即管理风险。企业家，或者叫企业家精神，也就是Entrepreneur，在美国的管理文化中，基本等同于冒险和不确定性的选择。其实就是史玉柱所说的，企业家就是要“赌博”。

彼得·德鲁克是通用公司的顾问，他观察了通用数十年的全部关键经营活动，几乎和每一任通用高管都有私人关系。他认为，“企业管理的核心内容，是企业家在经济上的冒险行为，企业就是企业家工作的组织”。

有些本土企业家也有“不成功便成仁”的说法，比如福建七匹狼集团的广告“混得不好，就不回来了！”充分体现了这一点。福建企业家的代表——盛大陈天桥则自我评价说："我的心里从小就愿意承受风险，我的个性是大赌、大输、大赢。"

巨人集团常务副总裁的王建说："史玉柱的最大缺点是清高，最大的弱项是与人交往，最大的局限是零负债理论。"史玉柱的这些性格"缺陷"，注定将巨人集团做得很专制、很封闭。巨人网络总裁刘伟曾经说："我们跟不上老史的思想，你能否决他吗？最后还要被老史上一堂洗脑课。"巨人的勃兴和衰落都是疯狂的，因为没有股东或者是其他出资人能够监督、约束"顽固不化"的史玉柱。

按照事后或者消极管理的方式总结说，史玉柱当时的处境、劣势都可以放到上图的下半部分，然而史玉柱选择了多元化经营，所以他失败了。

不过，这是一种事后诸葛亮的看法，毕竟，史玉柱并非天才，谁也不是。专家们现在都相信ERM（企业风险管理）能拯救巨人。这套系统是根据内部控制专家评估出来的风险打分，比如财务类、人力资源类、战略类、政策类的风险，给予不同的分数。

可史玉柱失败之时，萨班斯法案还未提出，更别说coso报告了。自然，全面应对的可能性是不具备的，不过这张被专家们视作新的管理武器的模型图，倒是透露出一点可信的事实。

相对于风险高的区域，低风险区域如此狭小。总之，在企业经营中，"如果你不想犯错误，那就什么也别干"。

中篇

搭班子、定战略、带队伍

市场营销不是一个人的事情，也不是一个部门的事情，而是需要企业所有部门、所有人员共同配合来完成。史玉柱说，如果有好的产品、好的营销方式，且营销队伍过硬，就能打开市场。

的确，营销不是单兵作战，而是全员战役。任何一个成功的企业都离不开一支训练有素的团队，史玉柱在人生最低谷时一直有20多人的团队跟随，一个好汉三个帮，没有这支团队，也就没有今天的史玉柱。

第四章 创意产业的第一要素是人

团队不成熟，注定要失败

巨人为什么倒？表面上看是建议巨人大厦造成的，实际上是因为我本人和我们的团队不成熟，我们这个团队很幼稚。如果巨人大厦盖起来再倒的话，可能摔得更重，所以晚倒不如早倒。

巨人这跤我觉得摔得有点晚，所以摔得惊天动地、全国都知道。如果再早二三年，早三五年摔，可能摔得别人都不知道，就像爬梯子一样，你爬第一层梯子的时候摔下来不疼，第二层摔（下来）就疼了，爬了十层摔下来之后有时候是要命的。

我们做了很多违背经济规律、违背客观规律的（事），所以必然是（要）摔跤的。

——摘自《史玉柱对于巨人失败团队责任的总结》

营销策略

在史玉柱的记忆中，巨人大厦和团队很少联系在一起。然而，作为一个一荣俱荣一损俱损的企业共同体，巨人大厦的所有问题，似乎都可以从各种或明或暗的线索，连接到以史玉柱为主的初次创业团队身上。

巨人团队失败的端倪早先反映在团队内部对创业前景的一些误判。曾担任巨人集团副总裁的王建写过这样一段话：细想一下，一个100多人的公司（当时），研发一种并不太高科技的汉卡——实际上是做英文软件的汉语转化工作。巨人在做自己的广告宣传时，除了汉卡，对电脑主机的宣传在每一种机型下面都注明“黄金标牌，美国本土主机”的字样，这已表明在硬件上巨人只是代理商。但广告的宣传，不但使社会误解了，也使巨人公司内部的人产生了错觉，以为自己真是一家高科技公司。

盛名之下的史玉柱过高地估计了自己的能力，随着时间的推移，这种错误的高估越来越同巨人的实际能力脱节。

在那时的史玉柱看来，企业家的最大挑战在于占据机遇、把握机遇。即便从来没有任何经验，甚至没有技术、人才、渠道，只要投入资本，短期内让自己的万能团队上手都是如此“容易”。

史玉柱后来回忆说：“很快我们就以为自己做什么都行，所以我们就去盖了房子，搞了药，又搞了保健品。保健品脑黄金还是成功的，但是脑黄金一成功，我们一下子搞了12个保健品。然后软件又搞了很多，接着又搞了服装。”

十几个行业，大大超越了整个巨人团队的负荷能力，团队的精力和能力，在短短几年内全面透支。史玉柱一度采取从外边寻找“空降兵”的方式，试图缓解自己知识资源不足的压力。然而，由于外来经理人的水土不服，或者说巨人的非常规扩张，空降兵先后离开。

史玉柱的团队在企业财务上的经营中，没有找到一种安全的管理方式。巨人未能及时化解危机、转危为安，很大程度上归结为史玉柱对金融运作的不熟悉以及与金融界的疏离。

后来史玉柱回应说：“关于借钱这个问题，很多人批评过我。但是在能够周转的时候，我还是坚持不借钱。这可能与我的性格有关，我不擅长跟外面的人打交道，我想以后做稳一点。其实在巨人危机发生之前，有些钱已经不是自己的了，我们有债务，比如楼花。但那时我们还以为是自己的钱。这个教训是要吸取的。”

1996年年初，巨人旗下的全资子公司康元公司，财务管理混乱已经十分明显。巨人团队却未派出财务总监对其进行处理。至1996年年底，康元公司累计债务已达1亿元，大量债务存在水分，资产流失严重，这很大程度上因为总部疏于对子公司管理层的制约，集团的资产成为这些人分肥的“小金库”。

此时史玉柱团队，依然恪守1/3的资金管理经验：1/3靠卖楼花，1/3靠贷款，1/3靠自有资金。等到巨人大厦上亿元的流动性缺口出现时，只好将生物保健的流动资金抽出解渴，而不是停工。后来，全国保健品市场下滑，巨人销量急剧下滑，资金链出现问题，巨人也出现更大的问题。

智慧透析

哈佛大学教授迈克尔·波特说：“必须要非常小心多元化。多元化的工作必须要确保有一些优势，从老的业务中移植到新的业务中，这中间必须要有一种合力产生。我们讲的这个合力是很难实现的。所以说我认为典型的误区是在发展经济的过程中，大家多元化分散得太广了，因为有很多的机会，有很多发展的市场，只看到到处都是机会，就会去做很多不同的事情。”

一般来说，一个企业最初的发展，常常是一定的竞争优势和价值优势平衡的产物。显然单一产品或者拥有专有技术优势的产品，更容易整合集中团队的资源，形成很强的产品能力。而产品能力会随着资源的投入增加，团队内部的专业化，形成一种相对于外部的规模优势。消费者也更容易认同产品的价值观，在渠道和价值链条上，竞争优势就更加突出。

在波特的“五力分析模型”中，这一点就更加清晰。某种程度上，波特的核心竞争力在单一优势产品中最明显。

采取多元化的策略，经常发生在企业新入领域，或核心产品价值优势降低时。通常人们理解的成功多元化只是表象。以IBM为例，其自诩是设备产品多元化发展的典范。在其百年时间里，开发出不同种时代的领先产品，从商用打字机到电子计算机，再到如今的云计算技术。不过，这些产品一直没有脱离“机器设备”制造的这条主线，还是在核心领域同一水平的扩张。

因此严格地说，蓝色巨人并没有搞产品多元化，真正执行的是资本和技术服务的多元化。

在郭士纳之后，IBM主张关注管理，强调集中优势。这一决策基本上断绝了产品多元化的可能性。IT业也是郭士纳不熟悉的领域，这迫使郭士纳另辟蹊径。在经营上，郭士纳坚持：凡是不能带来核心优势的项目全部砍掉，打消了可能浪费资源的多元化念头。IBM在郭士纳时代，取消了数千种与核心的计算机业务无关的产品线，其中就包括手机应用设备。

郭士纳不断引入战略合作伙伴，蓝色巨人本身不参与任何实际的产品开发，只在战略同盟上进行资本和技术的多元化，相当于就地整合外部资源，而原有的IBM的经营团队优势，例如关注和执行力，企业的价值观，核心竞争力另行嫁接到外部合作之上。

如今商学院早已达成共识的教科书认为，在20世纪中国本土的商业案例中，巨人集团史玉柱的团队在多元化经营中是完全失败的。这种“盖棺定论”的做法，一度使得人人谈“多元化”色变。多元化的失败实质是竞争性战略整体上失败。而在波特看来，如果团队的经验、技术、能力、素质，无法应对外部和内部经营环境的多种挑战，那么总会走向失败。

一个团队的成熟程度如何，也往往以能够抵住多元化的诱惑为标准。毕竟，在成功面前，能否守住这个底线是个管理难题。

有时，内部营销比外部营销更重要

我现在对公司的日常经营、人财物管理这些东西已经不大涉及了，主要精力就是管产品的研发。网游产业算是典型的创意产业，因此我可以就创意型公司的管理谈一点个人看法。

在我看来，“创意产业”有两种含义，一个是突出创意性质的产业部门，还有一个是创意过程本身就是一个产业。电影制作与网游开发一样，都是第一种含义的创意产业，也就是将创意产业化的行业。

在我看来，网游的“玩法”设计，也就是策划创意，显然是一种偶发的过程。事实上，我也的确遇到过策划师抱怨说“没有灵感”。但对于整个游戏项目来说，游戏开发进度是必须进行掌握和控制的。游戏策划本身确实很难进行量化，我最多设置一个时间点，要求策划人员在一段时间之内必须提出一个策划方案，但这个方案的质量如何，可操作性如何，效果如何等，都只能做着看，关键还是看策划团队的素质和默契。创意产业的第一要素是人。

——2009年史玉柱在互联网大会上谈创意产业

营销策略

史玉柱在游戏产业上尽管属于后来者，但是就理念而言属于先行者。在西方知识产业界中，一般认为，创志产业的员工，不只是生产者，更是消费者。在史玉柱看来，对待创意产业，首要的是思想和创意的量化。在现代企业中，有关创新观点和有效建议的管理，本身就是难题，不少公司由于缺乏可操作的方法，对于这一过程常常采取回避或者听之任之的态度。

史玉柱在研发和创新、建议的可操作性问题上，一直以开放的态度对待。他最早的尝试，就是以提高绩效为出发点的：“创意本身确实很难进行体系化管理，但执行创意的过程与体系化管理不仅没有矛盾，而且非常依赖管理的水平。利用体系化管理手段，将项目管理中标准化、量化的管理方式套入创意执行流程，不仅可以提高效率，甚至可以弥补创业者专业知识不足的问题，有效拉平竞争力。”

2008年12月，巨人网络公司获得了ISO 20000资格认证，这是一个国际化的IT服务质量标准。之后，史玉柱请IBM、德勤等公司帮助设计公司的具体流程。在管理流程上借鉴国外标准化的方式，在中国这可能算是首家。

实际上，史玉柱很早就对标准化的流程体系十分感兴趣。在脑白金的生产和营销过程中，史玉柱就已经有意识地引入这类标准。除了增加产品的可信度外，史玉柱认为标准化流程体系本身就是自己管理水平的一种机制设计。

在他看来，创意产业的标准化管理其实就是流程控制。具体到项目管理过程中，史玉柱更强调人的因素。在流程中，他认为一定要把握两个度：“既能掌握项目进度，又不压抑创意人员的自由度。具体的流程控制手段有很多，现在也有很多通行的标准卡可以借鉴。大的层面上，我觉得有两点应该掌握，一是评估体系的建立，二是竞争机制的引入。”

在研发《征途》游戏的过程中，史玉柱意识道：“关于人才的问题无外乎有三个方面：找人、培养人、用好人。我认为在中国的网络游戏市场当中找人会比较难，有的人可能还好找一些，比如说市场人员相对好找一些，研发人员就难了，尤其是研发的策划人员更难！我在负责这个公司的时候，我就给人事部下过命令要多少人，我招了几年以后感觉也没有什么突破。后来我开的条件是你找到一个好的，我给你1千万，就算这样他也没有找到，我现在还在继续招，我感觉挺失望的，在中国网游行业的人才非常缺！”

巨人网络的主创策划团队，从一开始就是在史玉柱的全天候参与中进行研发的。当时带队的是丁国强和纪学锋，史玉柱并非主策划人员，但他在策划中会尽可能地主动和研发人员交流，提出自己的建议，但是绝不利用流程压制他们的创造性。

这就出现了颇有意思的情景：一边是，史玉柱和策划者为了某一个想法争得面红耳赤，大家平等交流；另一边是，如果某个策划者犯下了低级错误，就会被史玉柱斥责。最终会以史玉柱请人喝酒，安抚情绪告终。

史玉柱坦然承认，他并不关注那些冰冷的考核数字，这么做的目的在于激发人的积极性和创造力，“这些管理的流程是为了让策划有更好的创意空间，固化的只是流程而不是创意本身。创意产业的第一要素是人，管理创意人员的着眼点，就在于激发他们的积极性与创造性。这其实说来也简单，有一个公平、公正的评价体系，能够对他们的创意成果进行公正的评估和利益分配，再有一个公平、公正的竞争机制，通过对他们的创意成果的评估结果赋予他们本人以相应的地位。”在史玉柱看来，这么做是对创意贡献者进行的最为公平的奖励。

智慧透析

任何一个公司，无论本身的实力有多强，团队有多大，如果不能够让其发挥长处，就和没有长处是一样的。有“现代营销之父”美誉的科特勒谈到过内部营销，所谓“内部营销”其实是一种把员工视为客户，先让员工满意，而后员工再让客户满意的哲学。简单地说，如果一个员工不了解也不喜欢他所服务的公司以及他所营销的产品，那么，不难想象，他在面对客户时会是何种表现。企业只有让自己的员工热爱公司，热爱公司的品牌和产品，然后，才有可能让员工们去感染客户，说服客户，让客户也爱上公司，爱上公司的品牌和产品。

企业对员工的内部营销，包含两大方面，一是向员工营销企业的使命、价值观和愿景，使员工对此形成共识，认同企业的文化与组织目标，并使员工个人的目标与组织目标更好地融合；二是向员工营销企业自身的产品与服务，让员工熟悉并热爱产品和服务。

内部营销的实质是强调企业要将员工放在管理的中心地位，使员工认同企业的价值观，接受企业的组织文化，通过为员工提供令其满意的服务，促使员工更好地为企业服务。因此，企业内部营销的核心就在于提高员工的满意度。很多企业的成功都与其出色的内部营销是分不开的。

许多人都去过海底捞火锅，有些顾客甚至成了忠诚的粉丝，不但自己常来这里消费，并且还会经常介绍朋友来这里。海底捞为什么这么火？它的味道并不是制胜的关键，员工热情周到的服务与良好的精神面貌才是吸引顾客的真正“法宝”。

如果说俏江南等明星餐厅胜在其豪华的档次与装潢，那么海底捞给予顾客的则是一种近乎宠爱的服务。比如，客人过生日的时候，服务员会非常真诚地为客人合唱“生日快乐”；门口的等候区，有服务员为排队的客人提供擦皮鞋和美甲的服务；有孕妇用餐，服务员会贴心地送上酸爽可口的小菜……许多顾客来到这里之后，真正感觉到了什么是“上帝”。为了享受这样的服务，许多客人甘愿支付比其他火锅店多一点的价钱。这家火锅店也凭借持之以恒地为所有客人提供贴心服务而声名远播，海底捞火锅也因此有了一大批忠实顾客。而员工则成为了海底捞的名片。

海底捞能够让顾客感觉幸福的关键，就在于其让员工首先感觉到了幸福。海底捞给员工的待遇并不是特别高，但令人不解的是，在员工流动频繁的餐饮业，海底捞的员工年流动率仅为10%，远低于28.6%的中国餐饮行业员工的平均流动率。在海底捞看来，每个员工都是企业的品牌，同时也是品牌的管理者，为了留住员工，让员工真情实意地为客人提供优质的服务，就必须对员工真诚以待，并把这些员工真正地当作合伙人，而不是普通的工作人员。因此，在海底捞，一个普通的服务员不仅有权给自己的老客户免费送上一盘菜或者果盘，还可以给不满意的顾客打折乃至免单的优惠，这充分体现了海底捞对员工的信任与尊重。

不仅如此，海底捞还非常关心员工生活的方方面面。比如公司请了四川最好的师资资源，在四川简阳投资千万建立了一所学校——通才学校，让海底捞员工的孩子免费上学；店长及以上级别的高管，公司可以帮忙把小孩接到家长所在地上学；所有员工租住配有空调的正式住宅小区的居室，而不是地下室，宿舍距离店面走路不能超过20分钟；夫妻俩都在海底捞工作的，公司还会为他们单独提供一个房间；为了提高员工的住宿质量，公司还配了阿姨，负责员工宿舍的保洁工作等。这一系列的举措，看似微不足道，却俘获了员工的心，让他们在海底捞真正找到了家的感觉，而不是一个低微的“打工仔”“打工妹”。

为了公司，员工们或许不会倾尽心力，但为了这个特殊的“家”，他们再苦再累都甘之如饴。员工感动了，幸福了，顾客也就感动了，幸福了。这就是海底捞能给顾客以幸福感的根源所在。

当大家都在强调顾客是上帝的时候，马云却说出了这样一番话：“我认为，员工第一，客户第二。没有他们，就没有这个网站。也只有他们开心了，我们的客户才会开心。而客户们那些鼓励的言语，鼓励的话，又会让他们发疯一样去工作，这也使得我们的网站不断地发展。”“员工第一”的理念是他多年创业的心得。只有员工才是企业发展的直接动力。企业只有站在员工的角度思考问题，才能够使员工有认同感和归属感。企业只有设身处地为员工的基本需求和难处着想，员工才会热爱企业并努力工作。企业只有以人为本，员工的积极性与创造力才会被激发出来，从而与企业形成良性互动，推动企业向前发展。

内部员工满意是达成顾客满意的第一步。内部营销并不是最后的结局。实行内部营销是为了把外部营销工作做得更好。从这个角度而言，内部营销有时比外部营销更为重要，它能为外部营销打好基础。

悲观的组织能唤起正能量的领袖

他们在喝酒的时候没有一个人说我起不来，留下来的人都坚信我能东山再起，只不过我们评估的是需要五年，实际上只用了一年多就起来了。

——摘自《史玉柱回忆巨人失败后核心团队对自己的信任》

营销策略

巨人大厦“倒塌”后，史玉柱一度十分痛苦。据当时的同事回忆，讨债人纷至沓来，他把自己关在办公室疯狂地抽烟。

不久，史玉柱的一位老领导来看他，问他对未来的打算，他清清楚楚地告诉对方，自己有意转向保健品行业。人们都认为保健品市场已经饱和，可史玉柱却坚持自己的意见。

史玉柱向一位朋友借来了50万元启动资金。他说，“我以前借给过他500万元，现在我向他借50万元，借期半年，他肯定借给我。”在史玉柱的兜里，其实还有张王牌，那就是“脑白金”。这款产品的研发在巨人危机爆发前已经基本结束，马上就可以投放市场。脑白金的商业计划、渠道销售都很完备，万事俱备，只欠启动资金这一东风了。

在外界的舆论压力之下，史玉柱拿出5万元，先给他30个同甘共苦的兄弟补发了拖欠的工资，稳定军心，鼓舞士气。在酒桌上，史玉柱在众人的支持中，看到了东山再起的曙光。几乎每一次，史玉柱问众人自己能否东山再起时，得到的都是肯定的答案。

这个二次创业的团队里，许多人都开始默默地努力思考。人人都把手机换下，改用传呼机。大家都把手机费、差旅费严格压缩，挤出每一分钱用在脑白金的项目上。

创业中的50万元，15万元给了无锡一家公司生产脑白金产品，留出15万元作预备资金，剩下的15万元全部砸向了江苏省江阴县。

史玉柱最难过的日子是在1998年上半年，即脑白金项目上马前后。“那时我连买一张飞机票的钱都没有。有一天，为了到无锡去办事，我只能找副总借，他个人借了我一张飞机票的钱才飞到上海，当天赶到无锡，没钱住酒店，只能住30元一晚的招待所，一位女服务员认出了我，并没有讥讽我，相反还送来了一盘水果，鼓励我从头再来。”

1999年，史玉柱才重新用上手机。1999年7月，史玉柱到了上海，刚有了点利润，就开始付定金买厂房。史玉柱回忆说：“这个时候，我委托无锡的一个厂生产，这个厂环境非常好，设备也好，而且管理先进，国家医药管理局的GMP，是按照国际标准的。标准很严，首先空气要净化，我们生产脑白金的这条线，是生产大输液的，往人血液里注射的东西。保健品跟药品不一样，是可以委托加工的；药品达到GMP以后，也是可以委托加工的。加工过程中，我们觉得也需要一个基地，慢慢付点现钱，也就接手这个工厂管理了。最后就把它盘下来了。”

接手无锡工厂后，史玉柱团队生活才稍有改善，“到1997年7月，我们就搬到上海了，此前我们一直是属于流浪生活；但是1999年1月到1999年6月，相对稳定了，我们在南京租了一处办公地点。此前就是四处打游击，拎个包到处跑”。

2007年史玉柱以“坚韧之魅”入选“2007年中国魅力50人榜单”之六大经济人物。失败之后能够再度崛起是他获得此奖项的重要原因，他说：“对于今天巨人网络的成功来说当初的失败是一笔财富。失败之后可能产生两种情况，一种是精神上被打击得太狠了，一蹶不振；另外一个是失败了，但顽强的精神还在。只要精神还在，就完全可以再爬起来。我一直有一个想法，失败是成功之母，成功是失败之父。”

在参加《对话》节目时，张树新曾问史玉柱："你有没有垮？"史玉柱很肯定地回答："没垮，肯定没垮。我要是垮了就不敢坐这儿了……"

智慧透析

一个创业团队的成败，很大程度上和创业团队的某种"化学"构造有关。一个火热的领导者，需要一个稍微冷一点的团体；悲观的组织，则需要能唤起正能量的领袖。企业家，不应只是一个天生意志强大的人，也应是能够融合团队意志的人。

英国心理学家罗伯特·耶基斯和多德林提出一种倒U形假说：

当一个人处于轻度兴奋时，能把工作做得最好。当一个人一点儿兴奋都没有时，也就没有做好工作的动力了；相应地，当一个人处于极度兴奋时，随之而来的压力可能会使他完不成本该完成的工作。世界网坛名将贝克尔之所以被称为"常胜将军"，其秘诀之一即是在比赛中自始至终都防止过度兴奋，而保持半兴奋状态。所以有人亦将倒U形假说称为贝克尔境界。

联想集团前董事长柳传志说："企业家本身是不是有一定的先天性呢？我就老在琢磨这些事，因为在我们投资以后，是需要有好的企业家出现的。总体来讲，应该两个方面都有，先天的意志、品质可能不是学得来的，有的人有好的意志、品质，他自己没发现，要被激发才行。"

对史玉柱来说，"激发"他意志的是团队成员之间的信任互动和巨人失败的种种挫折。这两者让史玉柱从进退维谷中迸发出前所未有的能量。从2.5亿元巨债中脱身，不仅仅需要勇气，更需要一种非凡的力量，而这种力量既不是百分之百的天分，也不会是完全的后天推进。

类似史玉柱这样的具有激情创业者，多半需要一个失败的挫折，或者与低温的团队糅合，才能释放其本身的能量。史玉柱的第一次创业中，更多的是一种刚性的管理氛围，也因此最后在冒进中，团队和巨人企业本身都遭受了挫折。

即便是身处创业团队中的普通员工，为了和创业目标一致，仍然需要保持轻度的兴奋状态。至少在过度冷静或者过度兴奋的环境下，都应该维持这种次热的温度。

在失败中坚守

第一个是个人情感的问题，我对我的团队很满意，我觉得我和他们首先工作上面我们经常发生冲突，但是个人关系确实非常好。

——摘自《史玉柱：2007年在回应自己的团队满意度时讲话》

营销策略

巨人网络上市后，首次发行股票就获得巨大成功。投资机构踊跃认购，国际较大基金公司基本上都参与认购，这一行为远超出发行规模，定价也高于招股书披露的定价上限。资本市场给了巨人网络那么高的估值，史玉柱归功于自己的团队，他说："全球投资者是非常挑剔的，对我们有信心才会给高估值。投资人对我们的团队非常有信心，认为我们的团队创造了奇迹，接下来还会创造新的奇迹，包括下一款产品。"

在各地路演过程中，国际投资者问得最多的问题，依然是关于史玉柱和他的团队。史玉柱觉得基金公司买股票，实际上就是买人，看人的价值。这次路演全球排名前十位的大基金公司史玉柱见了8家，他们大部分都是问他本人和团队方面的问题。

所以，史玉柱认为"实际上最后募集到多少钱，还是要判断人的价值”。巨人网络能够获得华尔街投资人的高度认可，史玉柱认为是因为自己的团体过去失败过。西方人对失败不像中国人那样想，中国传统文化有“败为寇”的说法，西方人则认为，对于创业者来说，失败过，就会学到东西。

对于巨人之前的失败，国人持否定态度，美国的这些基金公司却非常欣赏。基金经理们觉得正是因为史玉柱及其团队有过这个失败经历，才敢给巨人网络投钱。“所以在中国，风险投资公司最看重的应该是有一个好的企业家，其次是团队，第三才是技术。”史玉柱高度的创业热情及其失败后的迅速崛起，无疑是吸引投资者的一个重要原因。

在上市之后，史玉柱曾接受新浪科技的访谈，将自己的团队对上市的巨大贡献进行了详细介绍。史玉柱对自己的团队充满信心，他表示上市之后，团队不会出现上市、套现、走人这样的情况，他表示：“巨人有21个上亿的富翁，一个都不会走。”因为史玉柱非常了解这些人，1997年，在他最失败的时候，他就觉得人不图别的，第一个就是生活条件的改善，收入的改善，他基本是做到了，公司只要赚了钱，这些人也会同步富裕；第二个就是个人的价值能不能体现，能不能把合适的人放在合适的位置，让每个人的潜能得到最大的发挥。”史玉柱能直接管到的人就那么二三十个人，他觉得这一点做到了，管理人员就是斗志昂扬的。例如巨人上市的时候陪他到美国去的人，他们都是上亿身家，史玉柱根本就没感觉到他们回去就不干了，还是准备回去要大干一场。

智慧透析

史玉柱的团队，在中国企业界乃至世界企业界都是十分罕见的。获得成功后共同享受金钱和名誉事业回报的团队很常见，但在失败中还能坚守的创业团队相当稀少。

关于团队的稳定性和忠诚度的研究，国内外都有不少，结论也是五花八门。传统的管理学派只是从管理者的角度看团队，大部分的商学院教科书都用正式组织或者非正式组织的协调沟通研究问题，结论无非直接或间接地和公司的产出绩效相关。

但在真实的管理中，管理者和被管理者是处在同一水平线之上的，特别是在创业企业中。领导者在大部分的产品技术能力上可能处于下风或者劣势。专门化和技术的开放性，导致传统的团队理论基本上失去了应用的价值。

可以肯定地说，在一个创新企业开始走向前台的时代，人们的社会文化、习惯都开始偏向那些更合作、更有领导魅力、更富人性色彩的管理者，诸如乐于沟通，在绩效标准上的原则和某种“灰度”，上下一心的情感交流，团体性的一致行动都将更受欢迎。

以下是一些新兴的管理学者们给希望获得这些能力的创业者的忠告：

首先，制定衡量工作业绩的标准，公司的奖惩标准不仅要与公司内部运作关联，也要与公司整体目标的实现相联系。一方面要培养团队对公司的责任感以及团队成员之间的感情，另一方面要保证内部运作与整体目标一致。

其次，高级管理层需要在团队中树立自己的形象，经常视察团队，为团队组织一些活动。

再次，团队成员应与组织中其他部分整合起来，接触到其他部门乃至其他公司的新思想、新做法、才能更全面地思考问题。

最后，团队必须实行与外界的转换，不论是经理还是工人。当然轮换不能太频繁，最好两三年进行一次，以使团队的坏习惯无法制度化。

悟性和勤奋：创业者的必备品质

所谓人才，就是你交给他一件事情，他做成了；你再交给他一件事情，他又做成了……

——史玉柱营销语录

对于创业者，我希望给他们最直接的建议。因为我觉得这些创业者也都挺可爱的，我从对他们负责的角度，就不要转弯抹角，他们爱不爱听是他们的事。从我的角度，就是说出最真实的想法。如果是有价值的话，就不用太注重他们的感受，只要对他们负责就行，所以我可能是本着这个指导思想吧。

未来的创业者，最重要的素质，我觉得需要两个：第一是个人的悟性，没有悟性的话你应该去打工，不一定去做一个创业者，悟性可能是天生的成分很大，就是一个有悟性的人才能作为一个创业者的领导者；第二个，他很勤奋，能吃苦。就是这两个，少一个我觉得都不行。这两个加起来我觉得他就成功了一大半。

——摘自《史玉柱：2009年给创业者的忠告》

营销策略

对于创业本身需要什么特质和准备，史玉柱有自己的观点。特别在经历两次动静颇大的创业后，他个人的体会更加深刻，偶然发表的看法也带有更多的个人特色。

从2006年春天开始，中央电视台《赢在中国》风靡大江南北，非常受观众喜爱。这个选秀节目借助央视这样的超级平台，通过权威专家和企业家挑剔的眼光层层选拔创业竞选者，史玉柱正是节目的主要评委之一。

经过几年的蛰伏之后，史玉柱依靠脑白金和《征途》重新崛起，人生呈现一个精彩的“N”形转折，他被誉为当代中国企业界的传奇人物。正是因为有非同凡响的经历，他在《赢在中国》中的点评极为精彩，值得创业者们细品，以下摘录的是其中的部分语录：

（1）作为一个公司，尤其跨地区建立的分支机构，跨地区建连锁店，应该有一个铁的纪律。没有一个铁的纪律，就不能全国一盘棋，规模稍微大一点，就很难有战斗力。

（2）团队核心成员提出辞职时，不要挽留，既然提出了，他迟早是要走的。

（3）要早一点把团队建设好，利益安排好，不过利益安排好不一定是安排股权。

（4）如果没有价格上的优势与技术上的绝对优势，千万不要进入红海市场，否则你必输无疑！

（5）做连锁经营业务，一定要做一套傻瓜版的营销手册与管理手册，只有这样才能实现远距离的管理。

（6）做全国性市场，一定要先做一个试销市场，要一点点来，快不得；做成了，真到做全国市场时，要快半步，慢不得！

（7）应该认准一个行业，认为这个行业是自己至少5年、10年、20年，甚至一生必须专注的一个，只要认准了它，其他都要甩掉。一个企业越简单越好，一两句能描述下来的企业是最好的企业。

这些简单却又充满哲理的评论，凝聚了史玉柱创业以来的血汗和泪水，包含了他失败的教训和成功的经验，充满了对昔日创业的追忆和对来者的善意建议。

在所有创业者的品质中，史玉柱最看重两点。一个是创业的悟性，另一个是创业中的勤奋。在给后来者的建议中，实际上他已经把这两点看成了所有创业者的必备要素，特别是关心团队的建设。其实很明显，史玉柱的个人经验中，他的个人领导力的确是团队可靠性的坚强保证。

至于那种连锁经营简化管理的方式，则已经算是这种领导悟性的升级版了。至于“快不得，慢不得”这种把握形势的能力，更像是一个高手的口诀，非悟性高的人无法体会其中的奥秘。

勤奋这一点可能在史玉柱心中的位置更重些。“老虎型”的史玉柱是现实主义者，必然会把勤奋这样的品质放到极其重要的位置。从最初创业到最后退休，史玉柱经历了整整23年。这其中失败的时间，奋斗的时间，差不多已经超过一半。可以说，在人生的道路上，史玉柱差不多是一路靠着奋进向上的精神拼过来的。

史玉柱曾说，在50岁前，他一直在预测自己的事业有多少种死法，目的是从中找到多少种活法。只有以勤奋拼搏为人生信条的人才能如此坦然无畏。

这是发自肺腑的真切关怀和发自内心的深切期盼，希望中国能多些企业家，希望后来者能少走弯路。他想真正成为路基，为他人铺平前进的道路，让自己成为蜡烛为他人照亮璀璨的人生。

智慧透析

在整个“赢在中国”活动过程中，史玉柱流露出他最真实的一面，让观众记忆深刻，让世人对他和他的企业有一个更深刻、更全面的认识。

尽管后来这个选秀节目停办，但其社会影响早已超越了节目策划者的预期和初衷。史玉柱所强调的创业者的悟性和勤奋，随着时间的推移，在大多数中国企业家身上得到证明。尽管有的当事人并不买账，但事实证明，史玉柱的观点的确是真知灼见。

事实上，在如今的时代这一个观点，不仅仅适用于领导者、创业者，更适用于普通人。

乔恩·R.卡岑巴赫和贾森·A. 圣玛丽亚的《激活一线员工》一书中指出：

大多数企业将一线员工分为两类：追随者和潜在的领导者。追随者将会被淘汰或很少给予注意，他们不会获得任何帮助发展其潜能的培训。潜在领导者的范围通常比较小，因为大多数公司利用标准的业务关系模式识别可能会提升的个人。该模式包括一个简单的可以预测的性格特征表格——具有战略型思维、勤奋、制定并满足要求很高的目标——尽管大多数高层主管根据经验知道有效的领导模式其实还有很多，而且各不相同。

使每个一线员工都具备领导素质的培训政策能有力地影响士气。组织相信每个人都可以，而且必须成为一位领导者，这构成了很强的集体自豪感，并在成员之间建立起相互信任。

娃哈哈集团董事长宗庆后认为："勤奋是所有员工都需要保持的精神。如果员工不勤奋，公司搞不好。"1987年，娃哈哈集团创始人宗庆后从踩着三轮车代销棒冰、汽水开始创业，经25年风风雨雨让娃哈哈集团长盛不衰。25年来，宗庆后常常工作到深夜一两点，困了、累了就睡在办公室。全国人民代表大会期间，63岁的宗庆后仍是白天忙着会议，晚上忙着阅读批示，指挥处理娃哈哈的具体事务。

宗庆后在管理上坚持亲力亲为，对娃哈哈的每一个产品环节都会花时间研究过问。在管理大方向上，宗庆后却独观大略，他每次出差都会在候机厅买书、看书。"我比较喜欢学习，悟性也还可以，看书杂而快，知道大概意思就够了。"他记不住几个管理大师的名字，只知道搞竞争战略的迈克尔·波特。

实际上，一个企业家想要成功，并不真的特别需要过人的天资，这也是史玉柱强调悟性和勤奋只占大半的原因。剩下的那一半是什么呢？那就是学习勤奋和提高悟性，毕竟管理的真谛还是行动的管理、行动的执行。

第五章
物尽其用，人尽其才

史玉柱的断臂之痛

这件事是仅次于巨人倒掉的打击，全公司把业务都停掉处理后事，那是一种痛失左右手的伤痛。

——摘自《史玉柱2002年回忆上海健特总经理陈国之死时的谈话》

营销策略

每逢清明，史玉柱和公司高层都要给陈国扫墓祭奠。这已经是巨人文化的一部分。陈国是史玉柱的大学同学，“睡在上铺的兄弟”，在巨人最困难时，史玉柱要面对众多上门讨债的业主，陈国全面统计，巨人大厦卖出去的楼花，并进行存档处理。后来，这些都成了史玉柱还钱的依据。

2002年，时任上海健特总经理的陈国发生车祸。当时史玉柱在兰州开会，听到消息后连夜飞回上海。当他赶到医院，陈国已奄奄一息。陈国的意外身亡给了史玉柱极大的打击，曾经一度让整个巨人集团沉浸在悲痛中。

史玉柱在陈国去世后，下达了两条未经讨论的命令。

第一条是整个巨人集团停止经营，全数料理陈国的后事——陈国没有结婚，而且整个健特生物的担子，一直压在他的身上。

“陈国的工作是非常辛苦的，公司快速成长期繁重的业务压得他几乎没有休息时间。我有时坐在他办公室里的沙发上，他会闭上眼睛休息几分钟，然后突然睁开眼问我刚才说到哪里了。他几乎不记得吃饭时间，往往过了很久才让秘书送个外卖进来。有时他要参加无数个会议，不能安稳地吃饭，只能啃汉堡。我猜想他有胃病，因为有时感觉到他累缩成一团。”这是当时和陈国在一起的前巨人集团程序员的回忆。在他看来，史玉柱有无数的奇思妙想和创意点子，而真正能够将这些点子执行得精益求精的正是陈国。陈国几乎是以生命的代价，全身心地忠于他的伙伴，他的事业。“陈国是史玉柱战略的忠实执行者，但这种天才的战略执行起来充满了挑战。脑白金初期销售款中大部分都投入广告，电视、广播、报纸、招牌、墙贴、超市专区，五花八门，无所不在。如何用有限的资金做更多的广告就成了公司上下的主要任务之一。”

在陈国去世前，巨人集团是不允许分公司经手销售款的，全部的交易来往，流水账簿其实都是以陈国为中心的团队在打理。在陈国去世后，史玉柱曾经伤痛地说到这是一种“断臂之痛”。

史玉柱下达的第二条命令是，干部离开上海禁止自己驾车。在那以后中层出差，坐SUV为主。陈国去世后，史玉柱没重新接管脑白金，他将担子交给了刘伟。刘伟加入巨人的时候，只是个普通的文秘。“刘伟做上海健特副总，她分管那一块，她花钱就是比别人少很多。”

其实，在史玉柱心中，陈国一直是自己用人的标杆。之所以任命刘伟做陈国的接班人，关键是因为在史玉柱心中，作为女性的刘伟“可能更忠心”。

事实上，客观地说，陈国的死，多少和健特公司的财务创新制度有关。在珠海巨人脑黄金时代，巨人集团采用的是分公司制度。史玉柱在做生物工程时，每当开发出一个新产品，就将其注册为一个有限责任公司，经销网络也按不同区域注册为有限责任公司。

各地的销售分支机构均有财权，现金流都需要经过分公司。以经销商回款为例，回款必须先经过分公司，然后才能回到总公司。这必将降低现金的流转速度，同时还会有携款潜逃、分公司人员和经销商勾结制造坏账等潜在的风险。珠海巨人集团垮台倒闭，部分原因就是现金流困难时，媒体的报道引起很多销售分公司经理的哗变，截断了公司的现金流，虽然空有3亿多元的应收款，但依然于事无补，几乎一夜之间巨人集团就轰然倒塌，土崩瓦解。

对于这个惨痛的记忆，史玉柱承认了自己的失误，他说："过去，巨人月销售额达三四千万元，在总部就有300多人；现在做到十多个亿，总部只有十多个人。全公司只有11个人在搞管理。""原来粗放式管理，是看似管理挺细的那种粗放。过去光管理就有几百人，看起来很细，但没有可操作性。比如，过去要求分公司经理请人吃饭，超过500元钱就要报到总部。这看起来是好的，不让他们在外头乱花钱，但你想，从外地汇总到总部批下来最快的速度也要几小时吧。更坏的是，不管批了还是没批，都是不对的，因为你不了解情况，所以决策权应该给最了解情况的人。"

这样，在那段时间，陈国实际是巨人的真正决策者。然而300个以上办事处的巨大工作量，最终导致了陈国的过度劳累。

智慧透析

后巨人时代，脑白金启动，史玉柱吸取前车之鉴，为了杜绝分公司财务独立可能带来的财务风险，他决定不再设分公司，而只是设置办事处。300多个办事处都没有在当地注册，都没有资格对外独立签订合同，办事处可以和经销商谈价格，但最终价格由总部决定，并由总部签订合同，上海总部要永远保持直接和经销商发生交易的关系。

办事处人事需要"越级"任命：县级办事处人事需要省级任命，市级办事处人事需要通过省级上报上海总部任命。人事不能由顶头上司直接任命，因为史玉柱担心会产生小团体。

同时，因为办事处没有独立的法人资格，没有独立财务权，公司货款流程中间减少了分公司环节，直接由经销商打款给总部，这种企业结构设置大大加快了现金流转速度，还杜绝了分公司人员携款潜逃、制造坏账的可能性，自然也减少了中间决策和管理的难度。

在这种制度下，史玉柱是给省级办事处的经理和副经理发工资，其他人的工资每卖一箱脑白金提成4%。省级经理用这4%给省级办事处和其他人、市级办事处经理和副经理发工资，市级办事处往下也一样。这样一来，既简化了和众多员工的关系，又能有效控制费用，各级办事处也不会盲目扩张人员。

在史玉柱看来，脑白金的销售网络是中国保健品和医药行业最大的网络。当时巨人旗下建了档的销售终端共有5万个，包括药店和商店。业务员每天都要跑到这5万个销售终端，每周都要反馈每个终端的数据，其中包括对手的销量。在镇一级，脑白金和黄金搭档还有24万个销售终端。此外，与巨人直接发生业务的一级经销商达2900个。如果新的产品投放市场，可以同时在国内5万个销售终端上市。

脑白金的管理创新，表面来看是财务控制方面的创新，即通过总部直接和经销商、媒体对接现金来往，砍去销售分支作为现金流转中间站的作用，从而从根本上避免了销售分支可能带来的财务问题。本质上说，史玉柱是通过这种制度，实现了公司包括人事、渠道、广告等各方面管理模式的全方位变革。

不用“空降兵”

我的公司，像巨人集团，我100%持股，但是我怎么处理？我只是给你做参考，我是这样，我的母公司是这样，到下面公司有合作了。我的所有公司我有一个原则，我虽然也是家族公司，但是我的员工没有当成家族公司，我是怎么做的。

我的亲戚不能来公司，直系亲属不能来公司的，非直系亲属如果到公司，不能当干部，看门开车可以，但是作为公司骨干不可以，我一刀切。这样我和员工处理关系，我自己觉得很轻松，他没有把我当成家族公司来看待。

家族公司有一个非常不好的，举一个例子，假如你太太在公司，你的太太说一句话，这句话哪怕是正确的，都会有员工去议论它，去从负面角度议论它，说它，这样会给你的管理带来很大的麻烦。还有就是，家族公司要想管理很难做大。你和你爸爸谈好，怎么做好。家族公司有弊端，你再做大有问题，你的骨干归属感的问题。家族公司很多没有归属感。

——摘自《史玉柱：2009年在谈家族公司治理结构问题讲话》

营销策略

2008年胡润富豪榜显示，史玉柱的女儿史静个人财富为16亿元。与宗庆后娃哈哈的下一代注定要女儿当家不同，这位富家千金从未露过面，百度搜索“史静”二字，相关网页有7万多条，却只能搜到一张据称是“史静”的图片……

史玉柱对于企业的归属和治理方式，一直有着理想和现实的两重性。同华为的任正非相似，史玉柱的理想是“非家族家族企业”模式。

事实上，早年的史玉柱似乎并不主张家族化公司的治理方式。早在巨人大厦的风云时代，史玉柱曾和巨人前副总王建谈过用人问题，他认为中国的用人制度以强制管理为主，通过档案、户口和调令来管人，这几十年来把人管得太死，而一旦放开，大家又不服管，社会也没什么办法。因此，他强调顺其自然，无为而治。

后来，随着公司规模扩大，他在管理上碰到的难题越来越多，这让他较早地接受了职业经理人主导的现代公司管理方式。1994年春节前后，史玉柱决定放权，并请北大方正集团总裁楼滨龙出任巨人集团总裁，实行总裁负责制。史玉柱坦承：“我本人有很多缺点，加上是技术出身，没有做过管理，因此犯了不少错误。为了公司进一步发展，所以请来高人执掌巨人。”此外，史玉柱逐步实现改革。他在集团公司实行股份制，让各个公司单独核算，成为相对独立的公司。他当时的想法，就是自己做一个控股股东，具体的经营让下面的人去管理。1994年5月，史玉柱实现了完全放权。

但是，由于巨人集团之前并没有进行过制度化管理，并且由“空降兵”楼滨龙来执行这一重任，他尚未熟悉巨人集团的内部情况，也没有在企业树立威信，这项改革最终以失败告终。

此后，史玉柱坚定了不用“空降兵”的决心，并由此形成一个用人的原则，那就是只提拔内部系统培养的人，坚决不用“空降兵”。史玉柱说，每个企业都有自己独特的企业文化，要想完全融合很难。他说，这几年MBA或海归派运作管理大企业成功的案例很少。即使老总用了这类人，但中层如果抵制，被用的即便是高才，也无用武之地。如果让老总换掉所有的中层，他也做不到，所以还是不用“空降兵”为好。

史玉柱坚定地认为，内部人员对企业文化的理解和传承更到位，并且相对而言执行力更有保障。对于一个商业模式定型、管理到位的企业来说，执行力的保障比创造性的超越更为重要。

早在2001年复出之时，史玉柱就说过："未来的'上海巨人'中，领导层的一半将是'珠海巨人'时期的。可以这样说，我的核心班子一直很稳定，我们是患难与共的战友。"

但是《征途》项目负责人纪学锋却是史玉柱成立《征途》公司时挖来的，对此他解释说："公司各方面都很开明公平，只要有实力，就会有机会。在管理上不会拘泥于太多的规则，大家做事的时候拼命做，小事则不拘泥于细节，整个过程能够让人实现个人价值。很多企业包括外企按照规则管理，但把人管得太死。"

巨人大厦失败后，如何维系团队的奋斗向上、保证企业的向前发展，史玉柱有自己的见解，那就是制定目标，缜密论证，步步推进，一咬到底。这个习惯，贯穿《征途》的发展轨迹。

智慧透析

中国人深受传统文化的影响，以亲情文化和家长式管理为主的企业不在少数。在西方，家族企业也是企业的主要治理方式。

西方的研究者认为，家族企业之所以受到欢迎，很大部分是因为它更坚韧，并且对业绩的压力较低。

雀巢1997—1999年以及2003—2007年的表现都略逊于三家主要竞争对手，但经济危机时期，它的表现始终强于对手。雀巢的财务杠杆更低：债务仅占资本的35%，低于竞争对手12个百分点。雀巢同时也是全球四大食品巨头中跨国业务多元化做得最好的一家，具体表现在布局和产品线上。雀巢67%的销售额来自海外市场，而它的竞争对手只有56%。在产品线上，雀巢囊括从宠物食品到饮料、从糖果到药品的多个领域。

此外，家族企业的成本控制意识更强。全球领先的光学镜片制造商依视路就拥有较强控制成本的意识，他们的债务水平非常低，人员流动性小。强生并非家族企业，但它表现得像个家族企业，保持了很低的债转股率，对大型的变革型并购持怀疑态度，而它的同行则常常对此跃跃欲试。类似的方式也可以在华为那里找到，华为持有的现金比例水平可能仅次于苹果。

最后，家族企业的治、理二权分离为解决企业所有者和经理人的目标不一致的难题提供了一种可实际操作的策略。管理者一直被建议“要像企业所有者那样去思考问题”。

当然，需要注意的是，这里的家族企业多数是指类似巨人这类非家族企业所有人直接参与管理的类型。如果是世袭的企业制度，并不具有上述的优势，世界上那些世袭的管理企业，大部分都已经不复存在。

不唯学历论，能力比知识更重要

人才就是一件事成功了，下一件事也成功了。

不要认为自己初中水平怎么样，初中水平跟博士后没啥区别。只要能干就行，我一直是这个观点，不在乎学历，只要能干能做出贡献就行。

——史玉柱在内部管理层会议上论人才

营销策略

关于什么样的人才可以算得上是人才，如何管理人才、培养人才，史玉柱有着自己的特色理论。

首先，在人才问题上，史玉柱的人才观显得十分朴素。他并不看重学历，强调的是“实效”。

史玉柱是不唯学历的，这可能和他的创业经历有关。史玉柱第一次创业，追随他的多数是普通大学生和知识分子，知识分子之间知识和智力的差异不大，但在办事能力上则差异巨大。同样的事情，有的人可能停留于坐而论道，有的人则速战速决。创业需要甩开膀子实干，这一点在早期创业中十分明显。创业的过程极为艰难，不是每个知识分子都能忍受5个月20箱方便面的煎熬的。

史玉柱后来销售脑黄金、脑白金，面对的是文化水平不高的农村居民，此时低学历员工的沟通技巧更加重要。对于文化水平不高的消费者来说，长篇大论和西洋景是没有效果的，只有简单直接的谈话技巧才是重要的。既然一切都是以销售业绩为标准，初中生未必就比博士后差。

到后来，史玉柱的网络游戏完全是虚拟界面。对于程序员来说，编程和领悟能力要比知识重要得多。

其次，史玉柱很少谈识别人才，他更关注的是用好用活人才。史玉柱招聘，常常对有丰富职场经验的人不太感冒，白纸一张的人更容易获得他的青睐。在史玉柱看来，白纸一张的人可塑性更强。对于热衷执行自己点子的史玉柱来说，能够按照自己的计划百分之百执行的人，才是可靠可用的。

史玉柱甚至内部指示将肄业生纳入高校收徒计划，他希望能给更多热爱游戏、有才华的人提供机会。巨人网络更注重毕业生的学习能力和吃苦精神。在史玉柱看来，工作中遇到的各种各样的事情对初学者来说就是提高能力的机会，一个人是否有吃苦精神和学习能力，可以看他对这些事情的态度。

最后，史玉柱可能更加注重人力资源的长期效应。从脑黄金开始，史玉柱的营销团队战略从来没有动摇过。建立一支抗压持久的人才队伍，一直是史玉柱经营的精髓。

智慧透析

领导力IQ顾问公司研究员马克·墨菲指出：“长期以来我们就怀疑，工作表现好的人，可能不像传统上人们所想的那么投入于工作。不过，看到研究中竟然有42%的情况是工作表现好的人投入程度比不上表现差的人，还真令人觉得有点惊讶。”

墨菲认为，人力资源经理应该明确绩效期望，定义和说明极好的、好的、差的工作表现，然后让员工根据这些标准来负起责任。他建议每个月举行会议（也许不超过20分钟），询问经理人最近工作的状况，还有他们感觉受激励的程度，“如果CEO得知他们公司最好的顾客不开心，他必定会在几小时内上飞机，飞过去安抚顾客。如果我们真的相信人才是最重要的资产，难道不该多花点心思，让最好的员工可以对公司更投入吗？”

墨菲的发现和建议，和管理者的传统看法是完全相反的。对于像史玉柱这种关注绩效和表现的管理者来说，这是个坏消息，也是个好消息。

坏消息是，几乎可以确定的是，目前同质的人才鉴别方式——绩效考核方式，可能加速人才的离开和毁灭。好消息是，不拘一格的人才招聘，可能让人才们更容易投向他们喜欢的地方。

好的人才管理，其实很大程度上是让人心甘情愿地接受自己的价值，表现自己的能力和素质。这种做法，可能更容易培养出真正的人才。

浙江民企100强中90%的老板原本是农民、工人、裁缝、修鞋匠，万向集团董事局主席鲁冠球铁匠出身，正泰集团老板南存辉修鞋匠出身，雅戈尔集团总裁李如成农民出身。

世界上并没有先天的人才，只有后天培养的可用之才，用这种方式看待人力资源的资本积累，要比非要找寻高级人才的思路聪明得多。

真诚用人，长线收益

我觉得应该有，我觉得他们跟我私交都很好，最关键的原因就是我对他们真诚，我对他们的部下首先是真诚，只要你真诚了，你在你的言行上必然会表现出来，就是内心对他是真诚的。

所以我和我的部下处得非常好，一般像过去几年中国的民营企业家进监狱的一大堆，为什么进监狱？一般都是核心团队出问题，核心团队举报老板，这都是内讧引起的，但是我们没有发生过内讧，就是巨人集团成立到现在，即使我们有一些困难时期的骨干员工离开了，都会找我谈一次，而且非常诚恳。

——摘自《史玉柱：2008年接受多玩网记者采访》

营销策略

许多人问过史玉柱同样一个问题：他身边20多个人的核心团队，为什么能够始终团结在他的周围，不离不弃？

陈国、费拥军、刘伟、程晨、吴刚、贾明星、薛升东、王月红、蒋衍文、张连龙、黄建伟、陈凯、杨波、陈焕然、方立勇、李燃、陆永华、龙方明等，在巨人集团瓦解时，一个都没有被别人挖走。

陈国、费拥军、刘伟和程晨，是史玉柱的“四个火枪手”。这四人从史玉柱第一次创业开始，就扮演着史玉柱的关键辅助者的角色。

最初，团队成员跟随史玉柱，也许是因为他身上的某种领导者特质。一般而言，带有英雄主义色彩的创业者，似乎更有魅力。敏感、偏感性的女性团队成员，更容易意识到这一点。

一直追随史玉柱的副手，巨人网络总裁刘伟说：“老史这个人总能把事情说得特别有吸引力。”她认为，史玉柱似乎有种天生的激励士气的能力，“把我们向他想煽动的方向煽动，如果你一直跟着他的话，在他最困难的时候，你会毫不犹疑地相信他还会成功。我们总是为他设定的目标吸引，一直向前。”

在费拥军眼里，史玉柱是一个“很有天分”的人，“同样的事、同样的分析，你就得不出他那样的结论，而且往往是对的。”

但真正让团队成员选择对他不离不弃的，则可能是另外的原因。史玉柱当年在巨人大厦倒塌时背负巨债，顶着离婚风险的费拥军依然死心塌地地追随他。费拥军说：“兄弟有难，不能抛下他不管。”何况所有团队成员都意识道：“他（史玉柱）不是为了一己私利背这个包袱的。”

费拥军给史玉柱的评价是：“虽然有个性，但他是一个很善良的人。”其实史玉柱本人的确是个性情中人。在团队面前，他的本来面目一览无遗。都说男儿有泪不轻弹，史玉柱在巨人汉卡创业期的第一次热泪，就是当着最初的几个团队成员流下的。

史玉柱曾经意味深长地解释说：“他们之所以如此不离不弃，主要是因为大家志同道合，相信凑在一起一定能干一番大事业；另外就是我对他们还算真诚，就是不骗他们。在创业期间同甘共苦的行为，的确在早期感染了每一个人，即便是后来选择离开巨人的普通员工。”

即便对普通员工，史玉柱也抱着公开坦诚的态度。无论走到哪里，他第一件事就是办员工食堂。1992年在珠海，他按每人每天15元的标准让食堂开伙，规定早餐的主食和中晚餐的菜式必须有4个以上，饭菜不好，或者偶尔有人吃不上，他就会大发脾气。

孔子说：“桃李不言，下自成蹊。”史玉柱大概是中国执行军事化管理的创业者中执行“官兵平等”最坚决的人。史玉柱的特色是，不是做做样子，而是真心实意地执行。在巨人集团早期，史玉柱从来都是与员工一样在食堂排队进餐，中后期也天天吃食堂，只是让人把饭打好送到办公室。

启动脑白金项目的时候，史玉柱只借到50万元，他首先干的一件事就是拿出5万元把员工的工资补发了。巨人失败后，史玉柱改变了“一言堂”的风格，依照巨人原副总裁的话说，他不再清高了。而在“火枪手”费拥军看来“他现在比过去成熟多了，过去考虑问题可能很深邃，但是不一定全面。现在是方方面面都考虑到了”。

巨人上市成功后，史玉柱对团队成员依旧同从前一样。所谓“共患难易，共享乐难”。成功后的史玉柱反倒低调起来，在50岁的时候就宣布退休，将团队的管理权交给团队中的两位女骨干——刘伟和程晨。中国人都听说过杯酒释兵权，可是崇尚军事化管理，对军队文化念念不忘的史玉柱，却做到了放下权柄。

23年的时间，失败和成功的事实证明史玉柱的真诚的确不假。真正的真诚是无法作假的，这一点在团队管理中尤其明显。

智慧透析

史玉柱的团队超级稳定，是因为他坚持的军事管理文化中强调的是以诚感人、以情用人、真诚管理。这种管理今天有无数新名词，诸如高情商管理、感情投资、长线收益等。

靠情感将人与人之间的社会属性密切联系，提高管理的绩效，降低沟通交流的成本，使得团队生产力最大的做法，古已有之。《三国演义》第四十二回说道：“长坂坡一役，刘备被曹操打得丢盔卸甲、仓皇逃命，连爱子阿斗也陷落敌阵。当赵子龙冒死救出阿斗来到刘备面前，把阿斗交给他时，刘备却将其丢在一旁：‘为汝这孺子，几损我一员大将！’赵云忙向地下抱起阿斗，泣拜曰：‘云虽肝脑涂地，不能报也！’”

《史记》中，吴起做将军时，和最下层的士卒同衣同食，睡觉时不铺席子，行军时不骑马坐车，亲自背干粮，和士卒共担劳苦。士卒中有人生疮，吴起就用嘴为他吸脓。吴起所带的军队最终成为春秋战国时期最具战斗力的队伍。

杰克·韦尔奇说："我的经营理论是要让每个人都能感觉到自己的贡献，这种贡献看得见，摸得着，还能数得清……"其实质就是要从各方面让团队成员找到某种社会价值的存在感，进而刺激和激励他们，使他们忠诚于团队。事实上，在美国，通用汽车公司的社会保障水平远远高出其他企业，一直到2008年通用破产，这一核心的制度文化仍然起着至关重要的作用。

平等交流，找到所有的出口

你潜意识里就要认识到，他和你是平等的，都有同样人格的人，你只要有这样的认识，实际上在工作的各个方面都会表现出来，在工作当中尊重他，首先老板尊重自己，在业余时间当朋友的，自然他也对我真诚。

所以这样的话我们的气氛非常好，再加上我们是年轻人，没有什么政治斗争，大家也没有斗争经验，也不斗争。

——摘自《史玉柱：2009年对于团队的管理角色的看法》

网络游戏这一块，项目也不让我参与研发。因为一个项目，如果你也去说一句他也去说一句，会搞得具体负责研发的人无所适从，所以一定要给研发者授权。在研发的时候，具体到某个项目应该如何研发，这个不存在领导和被领导的关系，大家都是平等的。

——摘自《史玉柱：2009年互联网大会讲话》

营销策略

史玉柱把自己的成功归结于和团队平等交流、和谐合作、互信互利的氛围。对于他来说，这是找到观点抒发出口的方法。

同其他一些搞军事化管理的人不大一样，史玉柱固然经常坚持己见，但在交流意见的时候，却是最不具有集权特色的。史玉柱的议事风格十分特殊，通常在重大的项目决策上，他总是在一旁观战，不轻易发表意见。据说，经常别人已经争得声音嘶哑，史玉柱本人还在那里默默听着。

2006年，《征途》在上海瑞金宾馆召开上线新闻发布会，史玉柱站在台上向记者喊话，自称是一个20多年的老玩家，《征途》员工则在一边窃笑。

刚开始，研发部同事并不服史玉柱，《征途》项目经理就是其中之一。“为了说服大家接受免费模式，史玉柱用了至少3周。《征途》内部有个投票的传统，少数服从多数。免费模式获得了绝对少数的一票，是史玉柱自己投的。”

作为老板，本来是可以强制员工按照自己的标准做事，但是史玉柱反复找团队召开会议，软磨硬泡，十几次会议之后，整个团队彻底举手投降，他们之前都没有见过这么顽固的老板。其实，对于大多数老员工来说，巨人集团从开始创业起，最大的特点就是会多。只不过在巨人集团的时代，多数人在会上听到的只是冷冰冰的量化考核情况的通报，或者奖金公示内容，或者巨人老板史玉柱风光无限的其他新闻。

《征途》公测人数突破30万人时，史玉柱提出“保60万争80万望100万”的目标，很多人也都认为不靠谱。史玉柱对产品的要求很严格，近乎完美主义。《征途》一直是更新最频繁的网游，研发部门的员工被内部戏称为“最值得同情的人”。

《征途》项目负责人透露说：“他参与过任何一个项目，骂过任何一个策划，可能只是因为一些细节问题。”因为24小时在线玩游戏，史玉柱有时在凌晨给同事打电话，只要发现一个小BUG，就会马上提出修改意见。程序员忙到凌晨4点刚回家，可能马上就会接到要求上线修改的指令。但多数程序员认为这个脾气很坏，下了班勾肩搭背去喝酒的老板值得敬佩："他是一个非常努力、非常真诚、非常实在的人。"

在业务层面每个团队成员都有自己的观点，这方面人人平等。一个难题没了招儿，大家开会讨论。如果大家都没主意，散会，回去继续想。《征途》出名后，史玉柱表示，外界批评的声音他也听过，得出这样的结论："说《征途》不好的人，大多不是《征途》的玩家。"

新浪科技曾经问史玉柱是否规划把网游跟脑白金一样放手，史玉柱则回答说："游戏最大的不放心在于，不是所有研发人员都像我一样真正注重玩家。哪天他们真正能做到我这样，我就可以跟脑白金一样放手了。"

在巨人公司内部，史玉柱看到的是上市后的新问题，首要的是团队的创业激情消失。上市半年后，正是员工开始行权的时候。"这些研发人员住着别墅，开着宝马上班，就不像以前那么拼命了，也就是干扰多了。过去一上班就研发这个事，而现在的干扰是，宝马又出了一个新系列，有一个别墅打折销售这一类的信息多起来了，人被干扰了。"史玉柱这样描述道。巨人的账上长期放着超过50亿元人民币现金，这又导致公司"人浮于事"的情形出现。

刘伟反思道："我们就有本事每做一个产品都是精品，这是当时的想法，后来发现不行，我们没这个能力。"最后史玉柱只好妥协，一段时间内也只把精力放在一款产品上。巨人从2008年第三季度开始在战略和体制两个方面解决问题。

在战略上，巨人开始推行更符合创意产业规律的"赢在巨人"计划，不是只靠史玉柱一个人来研发游戏；在内部，在"签署项目承诺书""部门独立核算"等几种方案都不能从根本上解决问题后，史玉柱力主将各个项目拆分为子公司，由巨人出资控股51%，游戏研发团队则出资拥有另外的49%。

智慧透析

管理组织学中有所谓“沙漏定律”：一个人通常只能说出心中所想的80%，但对方听到的最多只能是60%，听懂的却只有40%，结果执行时只有20%了。你心中的想法也许很完美，但下属执行起来差之千里，这是由“沟通的漏斗”造成的。因此管理者必须采取适当的方法，去克服这一“漏斗”现象。

事实上，追求完美的史玉柱，恐怕是最深刻了解其中内涵的中国企业家之一了。在巨人时代，即便有严酷的军事化管理和严格的绩效量化考核，巨人的各种问题特别是纪律散漫和上下沟通难题也会时常出现。后来史玉柱认识到，这是巨人大厦坍塌另外一个关键性的隐患。从前的史玉柱不太喜欢与他人打交道，这也导致他同员工的深度交流上存在困难。巨人请来的楼滨龙和王建等人都先后指出过史玉柱的这些不足。

在经历了巨人的失败后，史玉柱采用开诚布公的批评会方式，终于在沟通艺术和策略上获得了质的飞跃。这种沟通技术通常可以归纳为七种方法：

找旁边没人的时候批评；

姿态不要高高在上，声音不要太高亢；

对事不对人，不要点评人格；

先赞扬后批评，批评之后又赞扬；

尽量缩小批评范围；

就事论事，不要翻旧账；

自我审视，一起进步。

不把效忠的义务加给员工

大多数员工的使命是打工挣钱，养家糊口，虽然军人有对国家和民族效忠的义务，但员工没有对老板效忠的义务。

——摘自《史玉柱：论效忠问题》

对普通员工，首先考虑其利益，然后才是社会价值。

——摘自史玉柱营销语录

营销策略

史玉柱曾经略带苦涩对媒体说：大家大概觉得我是个坏人。有次，史玉柱半开玩笑地对马云说：“我们都是做企业，人们都说马云是企业家，谈到我就个商人。”

大多数人诟病史玉柱的，不外乎绝对控制和集权。一方面，史玉柱坚持“管得少的才是最好，事情越少越好”的观点。珠海巨人销售额达两三亿元时，总部300人，“脑白金”十个多亿，总部却只有11个人。真正能够有效决策的人，只要他的核心团队成员就行，其他人不必参与决策。不管事实如何，至少外界是给史玉柱如此下定义的。

另一方面，史玉柱认为，游戏策划这块的人，对于工资的敏感程度要高得多。即便从陈天桥那里挖来的《征途》游戏的纪学锋团队，在巨人的工资制度，也是很奇特的。史玉柱和他们玩绩效工资。

史玉柱认为巨人游戏的团队成员必须换种规则，因为他们的真正追求的确是养家糊口。巨人员工固定工资在同行业中处于中等偏下，但浮动工资相当多。

三株公司当年也是军事化管理的典范，其董事长吴炳新曾说过："军事化的最大特点就是绝对服从命令。"向吴炳新请教过的史玉柱显然也同意这一点。珠海的巨人集团严格实行军事化管理，不论是普通员工还是高层管理人员，都必须像军人一样，以服从命令为天职，而命令的来源只有一个：史玉柱。

在一段时间内，军事化管理的确给珠海巨人集团创造了奇迹，史玉柱曾经相信在军事化的氛围下可以用制度实现某种效忠。换言之，只要部下的执行和他的意志一致，这条路就是正确的。对于在保健品市场上的成功，史玉柱曾总结说：

"巨人在打一场战役，严密高效的组织非常重要。组织有几种，一种是土匪式的，组织松散，缺乏远大抱负；一种是军阀式的，诸侯割据，各自为政，很快就会灭亡。我们要学习共产党的军队组织，团结、严密、步调一致，令行禁止。"

将军事化管理的某些思想移植到企业管理之中，这本来是很正常的事情，而且在短时间内往往能够取得显著的效果，但长此以往生搬硬套地实施，其弊端便暴露无遗。因为激励机制不健全，员工的热情并没有长久地维持下来，更重要的是员工的努力没有得到充分肯定和正面激励，人心涣散。

1995年8月20日，巨人集团又成立干部学院，将180名干部集中到南京海军学院进行为期一周的军训，以增加团队意识和纪律性。但是，整顿并没有从根本上扭转局面。1995年9月，巨人集团的发展形势急转直下，步入低潮。史玉柱感到形势严峻，但仍没有从企业内部管理上找原因。

此时，怎么激励员工，增强企业凝聚力，没有进入他思考的焦点范围。后来，他沿着红军长征的路线进行考察，想让自己从中国革命历史的成绩经验中获得一种思想、一种力量。他去了太平天国起义旧址金田，仔细研究了洪秀全的成败得失。在遵义会议旧址，他思考过战略、战术的转变。

复出之后，史玉柱依然迷恋军事化管理。只不过，他对于员工效忠度的要求下降了，这在巨人网络游戏的开发中体现得最为明显。

智慧透析

2005年12月，《职场指南》杂志社做过一次员工忠诚度调查，结果如下：

55%的受访者承认，在现代企业中，员工的忠诚度正在下降；

36%的人表示这个问题“不好说”“说不清”；

9%的受访者否认他们对企业的忠诚度有变化。

员工忠诚度下降带来的后果，不仅仅是他们越来越频繁地跳槽，也给企业的人力资源管理带来了一系列困扰。其中最严重的三大困扰是：

1. 公司用于招聘的经济成本和时间成本在不断上扬；

2. 公司为培养人才而付出的成本常常得不到回报，导致公司对人才的长期培养不感兴趣；

3. 频繁的人事变动给公司造成了许多难以预知的风险。

员工为什么效忠于企业呢？这是管理学大师西蒙提出的论题，但是给出答案的都是经济学家。斯坦福的霍尔认为，每一位员工的忠诚度与他们各自得到的薪酬成正比。也就是说，当企业越能满足员工的薪酬期望值，就越能得到和提升员工的忠诚度。

人力资源专家则更加详细地区分了员工们的真实期望和薪酬满意度的关系。华为公司让华为高管层层宣誓，效忠公司，在公司引起很大反响，影响很大。企业付给员工的薪酬，由两种不同性质的内容构成：货币薪酬和非货币薪酬。其中，货币薪酬又可以分为直接货币薪酬和间接货币薪酬。

直接货币薪酬，就是公司用货币形式付给员工的薪酬，包括工资、奖金、分红，以及股票和期权等可量化的货币性价值。间接货币薪酬，就是公司用福利形式付给员工的薪酬，如住房津贴、人寿保险、带薪假期、免费旅游、生活福利用品和公共福利等。这可能符合他们的期望，却不一定能给他们带来满足感。

非货币薪酬，被专家们定义为一些非物质形态的激励因素。从激励的长期效果来看，使用非物质形态的激励方式来提高员工的工作满意度，能够有效地减少和控制企业对货币薪酬的成本支出。

问题是，这个理论不够实用。实用的做法，就是尽量控制直接的物质刺激，避免将物质刺激和员工满意度挂钩，史玉柱干脆放弃了员工效忠义务，转而用别的手段，比如他的个人魅力，来增加员工的效忠的可能性。正因为如此，他的管理更加军事化和集权，更具有领导影响。

其实，从某种程度上说，将激励中的两个问题，比如绩效和效忠分开，也许的确是一种管理的通途。至少在短期内，只要物质刺激和精神力量互不冲突，这并非不可实现。

第六章 巩固管理基础，垂拱而治

14种小企业创业死法

在中国做民营企业特别难。临来的时候在飞机上，我写了民营企业的14种死法，随便一条就能把你搞死。竞争对手在整你，你在明处他在暗处，诬告你，通过打官司破坏你声誉，企业之间的不正当竞争，有时候可以把一个企业搞死。

——摘自《史玉柱：2001年第一次在公开场合答记者问》

营销策略

据史玉柱讲，这“14种死法”只是他在2001年2月去参加“泰山会议”的飞机上简单列出的。

第一种死法：不正当竞争。这是说来自于同类行业或者潜在的外部对手的竞争威胁。在脑白金产品推销时，一个负责区域的下属就曾经遭受过这种恶性竞争。“竞争对手在整你，你在明处他在暗处，诬告你，通过打官司破坏你（的）声誉。企业之间的不正当竞争，有时候可以把一个企业搞死。”2000年秋天，全国有一半省会城市的人大、政协突然每天都能接到有关脑白金产品的投诉，这导致脑白金销售受阻。经过调查，是有些竞争对手在每个城市都雇了几个人写针对脑白金的投诉信。事情被发现后，投诉随即就消失了。

第二种死法：碰到恶意的“消费者”。其实是需求方面的外部风险。“一个无理的消费者也能把你搞死，比如刁民投毒。这些情况我们都遇到过，可谓胆战心惊，如履薄冰。”这一点在后来大张旗鼓地对脑白金和黄金搭档的围剿中，显得更加突出。

第三种死法：媒体的围剿。其实，这本身是公共关系和利益相关者处理不当导致的，中国不少企业都在这个问题上倒下。正如前文所指出的那样，巨人大厦的坍塌，其实只是一篇不负责任的虚假报道所致的。

第四种死法：媒体对产品的不客观报道。“如果媒体报道10%是无效的产品，产品马上完蛋。在中国，说产品不好的时候，消费者最容易相信。”虽然，这也属于公共关系的危机问题。不过，在史玉柱创业的时代，广告和产品安全生产的各种法律还不完善，这导致保健品在尴尬的地位，不得不和媒体保持一种不近不远，若即若离的微妙状态。史玉柱的团队，甚至时刻都在担心又被媒体恶意攻击的可能。

第五种死法：主管部门把企业搞死。这是随着《产品安全法》《消费者权益保护法》等法律完善，企业和安全问题意识提高，对企业本身的商誉形象带来的新问题。由于其他行业出现的健康风险问题，导致保健品的行业信誉降低，这直接导致相关主管部门对食品卫生安全监管的力度加强。而监管部门的手段，无非是罚款和执法频率加大，这直接导致了企业的生产成本提高。“产品做大了，哪怕有万分之一的不合格率，并被投诉到主管部门，就有可能被吊销整个产品的批文。”

第六种死法：法律制度上的弹性。这个问题主要是在史玉柱最初创业时碰到的，在政策和法律处于相对模糊的状态时，特别是因为法律和政策滞后于经营情况下，这种政策和法律带来的风险尤其明显。“法律制度（上）的不合理，使你不得不违规（操作）。比如，民营企业做计算机，你必须要有批文，没有批文你（就）是走私，（但）民营企业是不给批文的，买批文就是犯罪。在其他行业也有类似情况。”

第七种死法：被骗。这是中国的创业者不得不面对的问题之一。由于各种原因，如观念、法治水平和企业的信息鉴别能力等，在诚信度不高的环境下，企业受骗导致的失败也占很大比例。“有时候一个企业被骗后会出现现金短缺，甚至会一蹶不振。而对民营企业来说，法律的保护很有限。”

第八种死法：“红眼病”的威胁。这种威胁，实际上还是可能来自于偶然的同业或者个人的心理社会原因。尽管心理学家们认为这属于社会心理因素，但它不可避免地会表现在企业本身。“红眼病太多，谣言太多，关于企业的谣言还好办，最怕的就是针对产品的谣言。”

第九种死法：黑社会的敲诈。

第十种死法：得罪某手中有权力的官员，该官员可能利用手中的权力给企业的发展制造障碍。

第十一种死法：得罪了某一恶势力也有可能把企业搞死，比如说他在产品中投毒。

第十二种死法：遭遇造假。“假冒伪劣也能搞死一个企业，前段时间我们在某个药品保健品造假基地查获了价值几千万元的假货。造假分子抓到（之后），又被当地公安放了，他们又继续造假。现在只要一看见假货我们自己就去买回来，怕它危害消费者。”

第十三种死法：企业家的自身安全问题。在他一无所有的时候，从来就没有接到过恐吓电话，后来就开始有了。

第十四种死法：企业内部的原风险。“这里面还不包括出于企业内部的原因，比如经营不善等。”恐怕这一条更为重要。

智慧透析

据研究，中国小企业的平均寿命只有2年半，大企业只有7～10年，而欧美的大企业平均寿命为40年，小企业3～5年。导致中外企业的生存率的巨大数据差异的，除去史玉柱上面总结的因素，还有一些更普遍的原因。

实际上，企业有多少种活法可能就有多少种“死法”，企业的成功和失败因素，常常可能是同一个因素。世界经理人实验室总结了几种有关创业失败的原因。

没有事先进行详细周密的市场调查。

生意上贪大求新，超过经济承受能力。曾经成功的商人，希望一开始就是大的资金起点，规模搞得很大，固定费用不少，但是一旦业务遇到困难，企业就很容易倒闭。

没有从自己最熟悉、最擅长的业务起步，在业务深入到一定程度后，失去竞争能力。

缺乏依法经营和自律观念。

受思维限制，不能立足长远，总想赚快钱，寻找短平快项目。

注重硬件的投入，在软件上却舍不得投资。

在创业初期，财务上没有遵循审慎原则，对业务前景过于乐观。

单纯以为商业经营万事不求人，独在小楼自成一体，低水平层次上经营。不能充分利用政府的优惠政策、合法避税，有时还有意无意触犯法律，反而留下法律上的后遗症。

没有考虑当地文化的背景。

创办人缺少必要的经营企业的经验。

严格把关，宁可错判绝不放过

公司各方面都很开明公平，只要有实力，就会有机会。在管理上不会拘泥于太多的规则，大家做事的时候拼命做，小事则不拘泥于细节，整个过程能够让人实现个人价值。很多企业包括外企规则管理，但把人管得太死。

——巨人网络集团《征途》项目负责人纪学锋

营销策略

作为巨人网络游戏的负责人，纪学锋对于新老板和新公司都有自己的新看法。特别是史玉柱直接关照游戏，既是玩家，又是老板的身份，让他对史玉柱的管理风格有着常人无法深入的了解。

纪学锋在大学是个乖孩子，没有打过任何游戏，可是史玉柱却是“游戏成瘾”。纪学锋起初并不认识史玉柱，甚至根本没有听说过史玉柱。决定做游戏的时候，在数值运算上有着极高要求的史玉柱，却和他较上了劲。

史玉柱认为，网络游戏的精髓就是数值运算，一个简单的例子是，如果是打击类的游戏，游戏角色一个动作会失掉多少血或者增加多少经验值，这个数值的设定，决定了玩家的兴趣时间和游戏难度。如果一款游戏在这个细节上设置糟糕的话，那就是失败的。巨人网络公测第一天，纪学锋因为粗心开始的时候在细节上出了问题，把数值填错了。如果不是因为服务器出问题，一定会闹出严重的事情来。

偏偏史玉柱是个怪人，经常骂人，发脾气。只有团队内熟悉他的人知道，史玉柱骂人意味着这个人是个可造之才。

2007年，史玉柱突然开始对纪学锋的工作极端不满。

“史总指着我的鼻子骂，骂得非常激烈，差点拿烟灰缸砸人，说我没有能力，想法很垃圾，带团队不行等，各种难听的话让我心里非常不爽，虽然不爽，但当时没有反驳他，只是默默地站了几分钟，然后掉头回家。”当时纪学锋情绪低落，打算干脆不干了。

开会的时候，史玉柱特意问：“听说你生气了？”纪学锋说：“对啊，还哭鼻子了呢。”一句玩笑话让两人之间的不快烟消云散了。后来，纪学锋成了巨人网络的副总裁，更有意思的是，他并不在史玉柱老团队的大名单中，却在上市中分到一杯羹。他比史玉柱幸运，不到30岁就成为亿万富翁。

在史玉柱看来，他苛责细节，宁可错判，也绝对不允许遗漏。这一点是史玉柱一项极高的管理追求。在脑白金的创业时代，自上而下，层层把关，是脑白金保证市场工作有效开展的主要手段，也是脑白金市场管理体系中的重点。史玉柱有一套严密的制度和专门的一批人员负责，基本原则是：“以客观所见为依据，大公无私，宁可错判，绝不放过。”脑白金前期的把关相当严格，扣罚严厉，市场人员几乎没人能够幸免。正因为如此，脑白金树立了制度的权威性，确保了整个团体具有强大的执行力。脑白金的销售额高达100多亿元，竟然没有一分钱坏账。

在巨人的管理小册子中，终端管理手册、周边市场管理手册、办事处管理手册、经销商管理手册等，大多就几页纸，小到脑白金贴在商场玻璃门上“推”“拉”广告的高度，大到经销商回款晚一天其信用评级下降一颗星，这些在脑白金和《征途》的行动执行手册中都有详细规定。这些事无巨细的手册，几乎成为员工们的“红宝书”。

智慧透析

追求完美，这是当年史玉柱从联想柳传志那里学来的管理经验。卓越的管理在于细节，这是一代中国商业管理的传奇。

在柳传志看来，管理就是三件事：“搭班子、定战略、带队伍”。柳传志特别注重管理基础的巩固：“你要想办一个长期的百年老店，你必须得重视这些问题，你要想做大的动作，比如并购，想往海外走，就必须考虑到管理基础。”

搭班子的要求是：“一把手是有战斗力的班子的核心，第一把手应该具备什么条件，应该如何进行自身修养，应该如何选择，班子的其他成员，其他成员不合标准怎么办班子的成员如何进行考核，没有一个意志统一的、有战斗力的班子，什么定战略，带队伍都做不出来。宗派是形成团结班子的绝症，要杜绝一切可能产生宗派的因素。”

定战略的主要内容是：确定长远目标；决定大致分几个阶段；当前的目标是 什么；选什么道路到达；行进中要不要调整方向。

带队伍的主要内容是：“兵会打仗吗？兵有积极性吗？要让他们学会炸碉堡。事业部体制、舰队模式是不是能调动人的积极性，规章制度定得是不是合理，另外包括激励方式、培训和发现人才、企业文化等。”

其实，史玉柱在巨人集团内部如法炮制这种结构，只不过他做得更加详细。他的内部管理制度极其细化，甚至看不到类似联想的各种问题策划方案，但是每一条管理规定，员工都必须百分之百执行，小到可以忽略的细节也绝不放过。

有人认为巨人集团到今天还有浓重的军事化管理气息，其实不然，如今这已经被追求完美的细节管理代替了。

高薪=低成本

当你给员工高薪时，表面上看仿佛增加了企业成本，实际不然。我这些年试过了各种方法，最后发现，高薪是最能激发员工工作热情的，也是企业成本最低的一种方式。

——摘自《史玉柱：2008年1月15日在〈赢在中国〉谈薪水问题》

营销策略

面对创业的新一代人群，史玉柱直言不讳地表达了他的高薪低成本的观点，尽管多数企业家同行不赞成他的观点，但史玉柱对这一观点深信不疑。

人才是企业的基石。在全球经济一体化的今天，人才问题被企业提到了更高的位置。怎样识别人才、留住人才，是摆在企业家面前的一个非常严峻的问题。放走一个人才，不仅事业受损，还有可能为自己增加一个竞争对手，这样的道理谁都懂，但要想很好地解决人才问题，很难找到一举多得的方法。

如何让人才为企业打拼？他们凭什么会去全力打拼？史玉柱在《赢在中国》做点评时给了一个答案，他说："当你给员工高薪时，你的企业成本是最低的。哪怕你只比第一、第二位的高出一点点，效果都会非常明显！"

对于这种看法，史玉柱分析道："当你给员工高薪时，表面上看仿佛增加了企业成本，实际不然。我这些年试过了各种方法，但最后发现，高薪是最能激发员工工作热情的，也是企业成本最低的一种方式。"

自从珠海巨人集团时代，史玉柱一直实行军事化管理，后来他渐渐明白一个道理：大多数员工的使命是打工挣钱，养家糊口，虽然军人有对国家和民族效忠的义务，但员工没有对老板效忠的义务。

巨人前副总王建回忆道："20世纪90年代中期，脑黄金战役第一阶段考核结束后，按照制度规定，对完成任务的经理兑现奖金，其中江苏和浙江分公司的两名经理个人奖金累计40万元，相当于当时广东市场一个月的回款。在集团办公会议上，面对奖金问题谁也不作声了，因为财务干脆把问题捅开了，若干个分公司存在回款作假，财务认为不能这么快发奖金。"

史玉柱被这种局面难倒了。在士气与议论之间，在榜样与制度之间，他必须做出决定。最后，他还是力排众议，发奖金。当财务怀抱沉甸甸的现金进入表彰大会现场时，会议已经结束，全体员工都在等，连保安都擅自离岗，涌入会场。财务一出现，史玉柱说："你们看，财务都抱不动了。"全场的目光由主席台转到财务身上，先是寂静，继而爆发出雷鸣般的掌声。

这时史玉柱发话了，他说："能者多得，只要能为巨人做出贡献，不拒绝索取，要在巨人内部培养一批富翁。"

这样的激励方式，对员工的刺激相当大。在脑白金时期，员工们疯狂地工作，史玉柱经常会在员工加班的时候动不动就发上几千元奖金，让员工惊喜不已。

此外，在脑白金时期，史玉柱在员工待遇方面的做法是：重点技术人员不受公司级别制度限制，只要技术能力强，就不怕付出高额报酬。后来，做网游时，史玉柱将这套模式运用到游戏团队中，他说：

"游戏团队的薪水我不管，由管理层定，工资是一事一议，开多少钱评估一下，值得就给，不受任何等级限制。中小公司不会这么舍得付高额报酬，但丁磊我想他也会舍得。陈天桥就没有这么大方，当然也相当不错。不过陈天桥给钱的方式有问题，比如说给期权，人家有意见。做了冤大头，给了好处下面还不好好待他。"

史玉柱这样的做法，会让研发人员感觉到《征途》网络给他们的报酬绝对在整个行业居于前列。在《征途》开发过程中，史玉柱出手颇为大方，给整个研发团队开出了很高的工资。

《征途》网络某负责人称，这个20人的研发团队在当时的薪水、所占期权与同行业相比是非常高的，相比《征途》网络后来的其他研发人员而言都要高出许多。

薪酬激励并非盲目地给员工高薪，能否有效地运用好这一措施，使员工发挥最大的工作效能，才是最关键的。史玉柱给《征途》网络的研发人员高薪，可以很容易地留住重点员工和业务骨干，这种做法对于高科技公司非常有效。在这个行业，通常80%的业绩是由20%的精英完成的，少数骨干决定了公司的发展。

当然，只注重少数骨干而对其他员工不理不问，其他员工会觉得不公平，也会引发矛盾。巨人网络上市后，在公司内部的庆功宴上，史玉柱宣布了两个消息，一个是给公司员工每人发一枚金币，另一个是给公司所有员工加工资，一个也不少。此后，史玉柱在接受媒体采访时说："刚做这家公司的时候，同行们对我们都看不起，到现在，我们已经成为这个行业内市值最大的公司，大家精神上非常开心，然后待遇上，我们给所有的骨干，所有的研发人员发了期权，上市后他们马上就可以衡量出来他们期权的价值，我们现在一下子诞生了21个亿万富翁，还有近200个百万以上的富翁，大家可以改善自己的生活。"

对于《征途》在线超过百万的好成绩，有记者曾经问史玉柱会制定什么样的员工奖励政策，史玉柱回答道：

"我们每个季度或者每个项目都定了奖罚措施，只要取得大的成就我们内部一定会有一次发奖金的过程，该奖一定得奖，奖罚分明。所以你刚才说《征途》到152万，一定会有奖金，我还会请他们喝一顿。如果没有达到具体的目标该罚也会罚，这就是我们管理的基本原则。所以我们的员工整体的待遇还是非常好的。"

智慧透析

从史玉柱的做法和谈话中我们可以感觉到，将薪酬奖励与内在激励机制良好地结合起来，就会为企业带来更好的效益。尽管薪酬并非激励员工的唯一手段，也不是最好的方法，但它是一个非常重要的手段。相对于内在激励，企业管理者更容易运用薪酬激励的方法，而且也较容易衡量其使用效果。

美国哈佛大学教授威廉·詹姆士研究发现，在缺乏科学、有效激励的情况下，人的潜能只能发挥出20%～30%，科学有效的激励机制能够让员工把另外70%～80%的潜能也发挥出来。所以，企业能否建立起完善的激励机制，将直接影响企业的发展。

人要生存，要发展，精神是支撑，物质是保障，所以薪酬对于员工来说极为重要。它不仅是员工的一种谋生手段，还能满足员工的价值感。事实证明，当一个员工处于一个较低的岗位时，他会表现积极，工作努力，一方面提高自己的岗位绩效，另一方面争取更高的岗位级别。在这个过程中，他会体会到由晋升和加薪带来的价值和被尊重的喜悦，从而更加努力工作。

史玉柱向我们证明了，真正发挥好企业薪酬对员工的激励作用，就可以达到企业和员工的双赢。

安定发展，就是最大的幸福

我创业的理由和目标比较低俗，就是为了赚钱，但是钱来得太快了，所以我创业阶段结束得很早，然后就进入了头脑发热阶段。这阶段最主要的特点就是自己认识不了自己，乱投资，摔跟头。

内心里原来还是有牵挂的，但是现在牵挂没了。

其实我几个月前就提交了辞呈，董事会一直不批准，直到昨天才同意。我提交辞职报告的时候，马云还没提交辞职CEO呢，我现在才批下来，我是起了个大早，赶了个晚集。还好赶上了。

——史玉柱2013年4月9日《仙侠世界》新闻发布会上如是说

现在是看东西都很淡的一种感觉，就是“神马都是浮云”，确实跟年轻的时候不一样。年轻的时候，尤其是摔跤之前的我，跟现在完全是两个人。

那时候我好像什么都在乎，什么都想要，最后啥也没有了。现在就看淡一点，其实就非常好，自己又很幸福，企业发展还不一定慢，个人生活说不一定过得还更好。

——摘自《史玉柱：2009年互联网大会讲话》

营销策略

史玉柱喝完酒后，带着醉意向媒体记者们说道：“忘掉史玉柱吧！”到最后，史玉柱对自己的彻底告别十分满意，在他看来，和马云的阿里巴巴不同，巨人集团很早就脱离了他的影响。按照史玉柱的观点，一年后巨人公司将再也没有史玉柱的痕迹。

史玉柱喝酒之后，大概更接近自己的本色——他总是喜欢调侃自己的商人或者草根特色。这一点和其他所有互联网业界的大人物略有不同。史玉柱的告别或者说退休，无论从实质上还是形式上的确比别人认真得多。

如今史玉柱对于巨人集团的影响力，可能已经不大。这是他主张的集权领导制度决定的。如果史玉柱是公司的唯一决策者，那么像阿里巴巴一样，他对巨人网络公司的影响可能是根本性的。在经营巨人大厦的时候，这种色彩十分浓厚。问题是，如今巨人网络集团的主导权早已归于史玉柱的部下，他的主导色彩也就失去了依托。刘伟等人的实际管理影响，要比史玉柱大得多。

外面的人看巨人网络，似乎觉得每个人都具有一样的外形特征，一样的口径，然而他们只和史玉柱是神似的关系，在形似上完全已经相差十万八千里。史玉柱说话的随意性，决策的天马行空，在今天的巨人网络是不可思议的。巨人网络的真实管理者，是不允许出现这种脱离现实的做法的。

史玉柱对于自己的产品公司一直坚持一条“去史玉柱化”的道路。巨人大厦崩溃了，史玉柱发现了脑白金，然而在脑白金风生水起的时候，成立了四通旗下的新公司；巨人网络看着不错，史玉柱选择了投资民生银行，淡出了巨人网络。似乎他每做成功一种新产品，都会带着欣慰的情怀默默离开。

史玉柱是个英雄主义色彩浓厚的人物，又经历过大起大落，因此功成身退的理念比其他人要重得多，更加真实得多。史玉柱的人生就像是骆驼的驼峰，两高中间是低谷。高峰是成就的象征，低处是人生成败的沉淀。有人说，史玉柱是商界的异类，长着“和别的企业家不一样的脑袋”，总是用出其不意的方式获得意外的成功。

在改革开放以来的30多年中，企业家如同浮云一般，各领风骚三两年，很多企业家或是倒下，或是销声匿迹，或是赚了钱收山。相比之下，史玉柱过山车般地崛起、倒下、再崛起，成为中国企业界的“传奇”。很多人感到奇怪：为什么史玉柱的生命力这么顽强？是什么力量支撑着他重新站起来？当有人把这个问题抛给史玉柱时，史玉柱的回答显示了他坚韧的一面。他说：“最开始创业时有着很大的雄心壮志，觉得做一个企业，就应该把它做得很大，做成中国的IBM，做成世界500强，提了很多口号和目标，忽视了现实情况。到1997年，经历了珠海巨人的挫折，再开始创业的时候我追求的则是生存和自由。”

在繁忙的企业家眼里，自由是奢侈品。当脑白金承载着史玉柱的崛起理想大获成功时，史玉柱嘴里所说的“生存”已不是问题。于是，自由成了他最大的追求，他说："现在，我已经没有什么远大的理想，也不是想要赚多少钱。尤其是这次地震，我感觉一个人平平稳稳生活，就是最大的幸福。一个企业也像一个人一样，它能安安定定地发展，别出什么事，就是最大的幸福。现在，我绝对没有像过去追求高速增长。一个企业负债率不高，员工的收入也很多，大家的生活又很安定，工作积极性也还在，我觉得这就是一种非常好的局面。"

智慧透析

很多人把史玉柱看作"成功的企业家"，甚至说他能够成为"取得更大成就的企业家"，但今天的史玉柱看上去少了许多对经济利益的追求，更注重精神追求和人文关怀。

中国不少本土企业家都有严重的管理焦虑症。不少企业家，对于企业权力的敏感程度较高。这种特征常常表现为，在其位，谋其政，不在其位，忧其行，对于公司的管理权和所有权缺乏分离意识。

一些企业家从形式上说，实际是作为所有者执行监督管理层的工作，却总是无法做到垂拱而治。即便退休后，也仍然放不小心，吃不好饭，睡不好觉，生怕经理人不够敬业，或者缺乏经验，让自己一手创下的基业倒塌。这种行为，实质是一种管理私有化情结。不少本土的早期创业者，将企业感情移位于管理活动，导致了多方面的问题。

另外，职业经理人阶层和团队内部选拔机制的不足，导致过度管理。有些人将领导者和管理者的概念混淆，导致管理者的战略和管理执行出现严重错位。

领导者与经理人是有所区别的。领导者理所当然是做管理的，但其关键任务是创造一个目标和前景，激励和推动每一个员工去共同达到这个目标。

领导者，要管的是人，必须维持一个相对小的管理幅度和层次。领导者的任务是出主意、用干部，而经理人才是具体管人、管钱、管物、管事的人。

里根原本是演员出身，很多管理方面的事情都不在行，干脆将复杂的管理事务置身事外，却被封为“伟大的沟通专家”，至今仍有人将其评价为伟大的战略家。这很大程度上和只管好大目标，领导少数人的定位有关。何况，管得了大事的人，在细节上多数是失败的。例如史玉柱在细节上，特别是在项目的前景上，过度乐观和冒进，缺乏实际执行的成本控制能力，这就需要经理人抑制抵消其负面因素。

当马云、史玉柱等一批互联网创业者宣告退休后，从管理上说，完全脱离他们的个人色彩，对于企业延续来说才是福音。毕竟教父也有老去的那一天，而要做百年老店，绝对不可能依靠世袭罔替或者个人的生命永恒。

第七章
打造顶级营销队伍

吹尽狂沙始到金

1995年2月10日，我下达“三大战役”的“总动员令”，广告攻势是我亲自主持的，第一个星期就在全国砸了5000万广告费，把整个中国都轰动了。我们在各大城市报纸上的广告不是整版，是跨版，风光无限。

——摘自《2009年史玉柱发起电脑、药品、保健品三大战役15年后的总结》

营销策略

总动员令、三大战役，总指挥、副总指挥、方面军等名词，大规模出现在企业的内刊和新闻中，恐怕在世界企业史上都空前绝后。很多年后，提起这场战役，史玉柱的得意溢于言表。

这是热爱军事文化的史玉柱，其本身“阳刚”人格特质表现最充分的一次经营行动。

1995年2月10日，春节后上班的第一天，史玉柱宣布“总动员令”：发动促销电脑、保健品、药品的“三大战役”。模拟战争环境进行促销活动，成立三大战役总指挥部；下设华东、华北、华中、华南、东北、西南、西北和海外八个方面军；其中30多家独立分公司改编为军、师；各级总经理都改为“方面军司令员”“军长”或“师长”。

史玉柱在动员令中称：“三大战役”将投资数亿元，直接和间接参加的人数有几十万，“战役”将采取集团军作战方式，直接目的要达到每月利润以亿为单位，组建1万人的营销队伍，长远目的则是用战役锤炼出一批干部，使年轻人在两三个月内成长为“师长”“军长”，领导几万人“打仗”。

总动员令发布之后，巨人集团迅速进入紧急战备状态。史玉柱下达“总攻令”这一天，巨人产品广告同时铺满全国各大报，且均以整版篇幅，“三大战役”全面打响。广告宣传覆盖50多家省级以上的新闻媒介，营销网络遍布全国50多万个商场，联营的17个工厂和100多个配套厂开始24小时运转，各地公司集合200名财务人员加班加点为客户办理提货手续，由上百辆货车组成的储运大军日夜兼程，营销队伍平均每周加盟100多名新人。不到半年，巨人集团的子公司从38家发展到228家，人员从200人发展到2000人。

但是，大规模运动带来大激情，也带来了大漏洞。巨人集团原有干部队伍因动力不足、纪律松弛，新的骨干队伍难以补充，导致管理失控。这样一来，急剧的外延式扩张不但没有激发原有系统的活力，反而因无法形成新的机制而使管理困难重重。

1995年7月11日，史玉柱在全体干部会议上宣布：巨人必须进行二次创业整顿，包括思想整顿，干部整顿和管理整顿。其核心是干部整顿，进行一次干部大换血，凡是过去三个月内没有完成任务的干部，一律调下来。干部大调整结果是：重新任命87人，其中晋升49人，直接由普通员工提升32人，被免职、降职者11人。

1995年是巨人集团的拐点，上半年达到辉煌的顶峰，下半年却踏上了黄昏路。

1996年年初，史玉柱为挽回败局，营销战略从全面进攻转向重点战役，他打算发动“巨不肥会战”。为此成立“会战总指挥部”，他出任“总指挥”，管理三大“野战军”，每支“野战军”率领七八个“兵团”（各省总公司），各“兵团”又有几支“纵队”（子公司），各部门还挑选精干人员组成“冲锋队”。

《巨人报》记者成为“前线战地记者”。2月10日，三大“野战军”司令员举行阵前盟誓。3月，会战打响，此次会战没有以大规模的广告覆盖为先导，而是举行“巨不肥大赠送”活动，此次战役的口号为“请人民作证”。据《巨人报》报道，参加会战的“正规军”为2000人，“民兵”5000人。

1996年年初，史玉柱召开“三大战役”总结会议说，巨人正处于长征后期，肯定会淘汰一批沙子，能走完长征的人将是巨人的核心和骨干，吹尽狂沙始到金。

智慧透析

关于史玉柱发动“三大战役”的方式，外界评价不一。且不去讨论成败。但这次“军事行动”，还是给史玉柱带来不可多得的好处。

史玉柱曾说自己的管理是向柳传志学习，其实真在中国吃军事化管理螃蟹的，恰恰是他本人。通过大规模的营销活动，全面检验了公司渠道、财务、人才、宣传、精神面貌等各方面的能力，为今后的发展和重整河山奠定了基础。而且史玉柱的这种军事化管理的思路，验证了它在中国企业的非凡潜力。如长虹、联想、华为、远大、春兰等企业，日后都踏上了这条销售道路。

企业最高管理者的管理哲学经常是截然相反的。人性化管理分布在欧洲地区，如西门子公司、诺基亚；而本土出身的中国管理者，似乎天生热爱军事化管理。军人出身的企业家，不求金钱和物质利益，并具有奉献精神、冒险精神、团队精神、探索精神、服从精神，这些都是成功企业迫切需要的特质。上下一致性以及迅雷不及掩耳的行动力是企业梦寐以求的效果。

史玉柱告诉人们，强势领导只要有足够的人格魅力，仍然可以避免个人崇拜消失后的危机。春兰的老总陶建幸点出了一个真理：是否实行军事化管理：第一，看员工的素质、企业所处的行业；第二，看企业老总的素质。至少在个人的形象塑造和领导力上，失败的史玉柱是最成功的。

虽然史玉柱的“三大战役”和“大会战”在战略上因激情澎湃而导致重大失误，但是通过这两次大战役的洗礼和冲刷，他周围凝集了一批最忠诚、最能干的精英。这或许是不再流泪的史玉柱，在巨人失败边缘上收获的最后的果实。

不服输，将潜能激发到极致

人在顺利的时候，成功的时候就要做到胜不骄;在失败的时候不要轻易服输。有不服输的这股劲头，再难的关都能过。所以我建议他们（创业者）在这个时候能坚强一点，没有过不去的坎，当然也不是靠睡觉就能睡过去的。

——《史玉柱：2009年在互联网大会上的讲话》

营销策略

不服输，坚持到底，是史玉柱创业的特色。

当年史玉柱辞职下海前往深圳，临行前，他慷慨激昂地对朋友宋京京说：“如果下海失败，我就跳海！”

1997年巨人危机之后，史玉柱决定带着自己的三个部下一起攀登珠穆朗玛峰，实现这个一直没有时间实现的梦想，至于爬珠峰的原因，史玉柱后来说：

“当时已经打定主意，反正巨人大厦已经救不过来，靠眼前的能力不可能起死回生。那么不如坚决地做脑白金项目。”

吃了这颗定心丸之后，史玉柱就把工作计划布置给部下，这样他就一个月没事做了。正好趁这段时间，可以完成他内心一直以来的一个梦想：攀登珠穆朗玛峰。

史玉柱和伙伴从登山大本营出发，在5300米的地方因没舍得雇导游而迷了路，背在身上的氧气也吸光了，史玉柱认为自己回不来了，他就对伙伴说，你们回去吧，我体能已经耗光了，又缺氧，一步都走不动了。

但是他们三人都不愿意抛下他。后来终于柳暗花明，其中一人找到了路，最终安全下山。

如此看来，史玉柱属于“死过一回”的人了，于是他放开手脚，带领团队从头再来。经过短短的时间，史玉柱不仅还清了债务，还迅速完成了新的资本积累，通过保健品的铺垫进入网游市场，开始投资，并在纽交所成功上市，创造了中国企业史上新的神话。

智慧透析

不服输，再难的关也能过，在20世纪末，曾被叫作“攻关精神”。这是一种带着军事文化痕迹的意识。史玉柱告诉大家：“不要强调客观理由，人在超常规的压力下，都有发挥潜能的力量。”而这也是他手下的年轻人渴望的创业精神和实现自己抱负的机会。史玉柱运用战争的理念，将人的潜能发挥到了极致。

经历失败之后，史玉柱在考虑问题时更全面了，他总把自己的团队当成一支军队来管理。对于进军游戏领域，他认为自己在战略上可能处于劣势，但是，绝对不能容忍自己在战术上处于劣势。

他曾对下属说，第二款网络游戏产品如果还是按常规的运作方式注定失败，必须得采取超常规的方式才能避免失败。在这样的思想指导下，《征途》的销售队伍立即进入紧急状态，一周工作7天，一天15小时。

哈佛大学商学院的托马斯·埃斯曼教授给出了对创业者的这种不服输精神的科学解读：

说到创业精神，有人会想到风投打造的初创企业，另一些人则用它谈论一般小公司。霍华德·史蒂文森教授是哈佛商学院创业研究领域的教父，他将创业精神定义为：追寻现有资源范围以外的机遇。

“追寻”指绝对专注的态度。创业者能察觉转瞬即逝的机遇，在有限时间内展现实力，吸引外部资源。

“机遇”指在以下一个或多个方面有所作为：推出创新产品；设计全新商业模式；改进已有产品，使其质更优、价更廉；发掘新客户群。

“现有资源之外”指突破资源限制。创业行动容易陷入死循环：控制风险需要资源，资源却更倾向于进入低风险区域。

精益测试，采取最小规模的行动，以最低代价迅速评估风险、测试商业模式可行性。

分阶段投入，将困难各个击破，实现阶段目标之前，不占用计划外资源。

建立合作伙伴关系，借用其他公司的资源，将风险转移给承受风险能力更高或意愿更强的盟友。同理，新创企业可以放弃购买资产，通过灵活租赁资产，将高额固定成本转化为可变成本。

掌握“讲故事”的艺术，向投资人展示自己的事业，能让世界变得更好。

把创业精神理解为一种独特的整体管理观念，而非将其限定于企业发展的某个特定阶段（如初创企业）、某种个人角色（如创始人），或某类精神气质（如激进、独立）。按照这个定义，各类企业，包括大型企业，都可能孕育创业精神。

“说到做到，做不到就不要说”

如果谁说我们的执行力差，他可以这么说，但我绝不会承认。每年大年三十，你可以到全国50万个商场和药店去看，别人早回家过年了，我们9000名员工依然顶着寒风在那里一丝不苟地搞脑白金促销。如果执行力不行，干劲是哪来的？

——史玉柱谈自己团队的执行力

营销策略

某商学院教师评价史玉柱的执行存在问题，认为他的执行水平不高。这种观点认为，史玉柱的营销网络没有采用所谓先进的科学管理体系，人均执行绩效并不突出。

在脑白金的营销过程中，史玉柱大面积广告投放，曾经在业界引发质疑。特别是同质的两款广告，因在晚间黄金时间播出，激起观众的兴趣。不少人开始从广告费用和脑白金的销量之间寻找脑白金广告的效率证据。

有部分教授可能由于获得的数据存在干扰，得出了脑白金广告效率不高的观点，在媒体的宣传下就变成过度解读的“巨人营销队伍执行力不足”“人海战术”“洗脑广告”等说法。

史玉柱对于舆论媒体的炒作并不关心。在他看来，做保健品的关键之一，就是广告策略选择得当，营销队伍执行有效。脑白金的营销队伍，在成本控制上是十分严格的。当初在陈国的领导下，对于每一个电视台的广告费用都要讨价还价，每一个营销人员的开支也都严格监控，杜绝了滥用和浪费现象。

柳传志的执行理念对于史玉柱的影响极为深刻：“第一条就是说到做

到，做不到就不要说。这个话很土，但是很实用，这个就从柳传志挑起来的，他跟我说了这个标准。因为我过去也经常发生这个情况，我的部下向我拍胸脯，我下个月销售额一定做到多少，然后到下个月没有完成，没完成好像也没啥，然后他又再往下个月再拍胸脯，这样一搞就等于下面骗上面，上面再一放炮又骗下面，团队的气氛就非常不好，没有战斗力。”

在史玉柱看来，他执行的从下到上的推销布局策略，和教授们的假设前提是不同的。直接从消费者那里获得的销售信息显示，一丝不苟的脑白金员工是毫无折扣地执行着销售计划的。在史玉柱看来，每一个销售员不只是销售商品售货员，更是调查员和分析员。

有时，史玉柱对于员工执行能力的要求近于苛刻。2009年，巨人网络集团业绩下滑，IT企业解释为受金融危机影响，巨人团队从执行的结果检查中意识到，事情并非如此，团队负责人很坦率地表示：“金融危机不是遮羞布，业绩下滑是我们自身的原因，主要是《巨人》游戏不是特别成功。”

此时，连史玉柱也发现，经历了上市的成功，短期内，不少企业的高管和员工滋生出享乐主义，不思进取的情绪。巨人的研发团队显得有些慵懒：握着股权的老员工行权之后，住上了别墅；新员工没有股权，工作也并不那么热情。此时的史玉柱开始意识到，让员工们签署“任务承诺书”都是无效的。

在他看来，只有让员工为自己干活，项目才能真正取得进展。产品做得好，研发人员能得到高额分红，将来公司甚至可能独立上市；做得不好，自己的投资也全部落空。为此，史玉柱在执行上再次提高声调，要求团队成员不忘本，并且在团队的管理制度上恢复了从前简单化和严格化的传统。

智慧透析

在中国，流行的企业执行力概念就是指部门或个人理解、贯彻、落实、执行企业决策的能力。提到执行能力，会有一大批企业的光荣事迹加以佐证。在社会舆论范围内，人们认为说到是不如做到的。问题是，就严格的管理来说，这是个模棱两可的说法。

在西方的管理大师们看来，执行力这个概念差不多相当于将战略规划后的所有管理职能全部杂糅在一起。简单来说，就是以结果为导向和标准，达到标准就是执行到位，否则就会受到相应的惩罚。

下面是一些执行力课程中所讲授的如何提高执行力的方法：

1. 主动工作

要提高个人的执行能力，必须解决好“想执行”和“会执行”的问题，把执行变为自动自发的行动。有了自动自发的思想，就可以帮助你扫除工作中的一切挫折。在日常工作中，我们在执行某项任务时，总会遇到一些问题，而对待问题有两种选择：一种就是充分发挥主观能动性、想方设法解决问题，千方百计消灭问题，结果是圆满完成任务；另一种是面对问题，一筹莫展，结果是问题依然存在，任务也就不可能完成。

2. 敢于负责，注重细节

工作中无小事，工作就意味着责任，责任是压力，也是努力完成工作的动力。做工作的意义在于把事情做对做好，最严格的标准应该是自己设定的，而不是别人要求的。因此提高个人执行力就必须树立起强烈的责任意识，养成认真负责、追求卓越的良好习惯。

认真负责的同时，我们还要培养注重细节的工作态度。

3. 永不放弃

永不放弃是指在工作中具有挫折忍耐力、压力忍受力、自我控制力；永不放弃首先表现为坚定的意志，对目标的坚持，无论遇到多大的困难仍要千方百计地完成工作。

这种所谓的执行力培养，实际上可能忽略了管理者和员工双方的关键需求：管理者总是有问题要关注，被管理者总是有问题要解决。所以正确的方式，并不是过分强调心理干预而是要重视管理者自身执行能力的提高问题。

从人力资源的角度说，执行能力的高低，很大程度上只有在参与生产，不断纠错改进后才能看出。那些心理战术，缺乏观察和数据支持，无法进一步加入计划和决策中。投入太多的培训，可能是浪费资源和时间。

即便真有所谓执行力的提高，也可能是一个数据的幻觉。团队的气氛改变，可能让管理者忽视企业真正的硬问题，比如财务风险、管理风险等。

因此，做这些执行力的操作，首先要注意公司本身的管理数据，尽量降低这类操之过急的干预的权重。毕竟，如果人们不相信宣传可以做到理想社会，那靠执行力这样的口号也同样达不到长期的目标。

以结果论英雄

我的观点是，功劳对一个公司才是有贡献，苦劳对公司的贡献是零。

比如，在这些中小城市的网吧里，我们两家（征途和网易）争着贴招贴画，你盖你的，我再盖我的。如果我们的招贴画被对手盖了，我们的人肯定会在24小时之内发现，而对方多半一个礼拜都不去看一下。再比如，招贴画大家相互盖，而我们的人很快想出一个妙招，就是把招贴画做得比对手大一圈，边上全部写上“征途”，让对方无论如何都盖不完。这就是执行力的差异。

——史玉柱谈功劳和苦劳

营销策略

“说到做到，严已宽人，只认功劳，不认苦劳。”据说很久以前史玉柱贴了这么一条标语。史玉柱自己是这么看的，也是这么干的，下属同样是如此遵守的。

“只认功劳，不认苦劳”这四个字，在史玉柱的薪酬管理中表现得最明显。史玉柱偏好绩效工资，这已经是业界的常识。即便在互联网时代，他的巨人网络游戏公司，仍然雷打不动。这让不少人感到十分吃惊，因为普遍的高薪养人制度，居然在巨人是行不通的，更是不准实行的。

在脑白金销售的红火时期，史玉柱的绩效制度就已经常态化、制度化，甚至比这一制度的最早践行者平安保险公司还要彻底广泛深入。史玉柱靠营销团队打天下，然而他的营销工资构成，让人惊叹：第一线的销售人员做不好连300元的底薪也难保，做好了就可以拿到天价销售提成。在提成的刺激下，销售人员对工作有了内在动力，想尽一切办法把工作做好。

史玉柱甚至别出心裁，制定出红黑锦旗制度，专门用以刺激团队竞争，激励员工的斗志：对于完成销售任务最好的前5位，史玉柱给予金光灿灿的奖杯以示表扬。而对于末尾的5个市场开拓团队，则交以黑色锦旗一面，上书烫金的“倒数第×名”字样。

召开公司内部大会时，史玉柱力求让每一个员工明白，评价做事的成果最终凭的是功劳而不是苦劳。公司只有一个考核标准，就是量化的结果。以结果论英雄，培养出《征途》营销团队超强的执行力，为《征途》快速进入二三线市场提供了强有力的保障。说到这一点，史玉柱很是自豪。

数万家网吧一夜之间贴满《征途》游戏的广告，这种可怕的营销能力，曾经一度让同业惊慌失措。如果别人是靠口碑和先行者的优势维持行业竞争力，史玉柱则是靠无孔不入、言出必行的营销能力，复制脑白金的辉煌。更有意思的是，此后全国大部分的网络游戏运营商居然都开始学习巨人的方式，用同样的工资标准来推销游戏。

智慧透析

史玉柱的激励方式，一直备受争议，但是就管理实践效果而言最有效。至少就中国本土企业的成长路径来说，强调结果，事功不事劳的做法，在短期内具有更直接的效果。

从计划经济体制建立开始，中国执行的是严格的等级工资制度。等级工资制度，按照身份、资历和经验的不同，凭借资格，自上而下，工资有规律地增减。最明显的是在计划色彩浓重的某些国企里，什么级别的人，必须配属某型号的车，甚至差旅费用标准也按级别区分，俨然官僚体系的复活版本。不同级别的人，货币的差异影响远远小于身份的影响，同一级别的人，则采取严格的平均工资制度，即使两人能力水平产出差异巨大，也只能接受和对方一样的报酬。在团队和团队之间，有着平均主义和集体主义的浓重氛围，但个人和个人对于功劳也是产出的实际看法，却要激烈得多，这导致人们对于货币薪酬的看法远远高于身份。

换言之，在表面的一团和气下，中国社会竞争十分激烈。中国人的内部竞争，团队之间的竞争，要比西方和日本更为激烈。也因此，正如哈佛大学教授桑德尔所看到的那样，可能竞争的制度更适合中国社会本身。

从转轨期创业的本土创业家，深受这种经济思想的影响，在管理中他们会毫不犹豫地采用类似的严格的绩效考核，或者以业绩为导向的评价。这本身是一种时代文化的自然传承。

需要说明的是，这种管理方式早已在中国普遍展开，一般都属于关键绩效指标考核的各种形式。绩效考核表和平衡计分卡之类的工具，在中国几乎所有的企业都能看到。

不过，这种考核为主的功利主义企业文化，并不是没有负面因素。由于严苛的绩效考核，这样的企业通常会造就更加冲动和短期的团队，缺乏长期的竞争力。通常这样的公司在经济危机中抗压能力十分低，甚至根本无法应对，因为按照考核的逻辑，末位淘汰，只能以绝对的规模收缩为代价。

另外，绩效考核对于创业公司的创新失败，存在某种不兼容性，严格的考核可能不允许失败，导致企业缺乏创新改革的能力。

第八章

研发团队，管理自己

纵横捭阖有原因

我本来有发展业余爱好的想法，但是现在没有了。今天上市，纽交所特别挂了一面中国国旗。在赛场上升国旗，运动员是最开心的，因为说明他完成了任务。我看到国旗觉得压力很大，因为要保持增长为祖国争光，就必须少睡觉，牺牲休假，要玩命干。所以，上市之后我们的压力会更大，我本人会更辛苦，我可能没有时间培养业余爱好了。

——2007年巨人网络在纽约交易所上市史玉柱如是说

（从公司）退出来之后，我就做自己最喜欢做的事。其实这是很重要的事情，就是我们公司每开发出一款游戏，我就以玩家的角度去玩，然后去提意见。所以如果遇到一个很好玩的游戏，我玩得很开心，又为公司做了贡献，能够找到修改的方法，工作生活都一体了，真的很高兴。

——摘自《史玉柱：2009年互联网大会讲话》

营销策略

2006年7月，史玉柱在开曼群岛注册了巨人网络科技有限公司，2007年

6月更名为巨人网络集团。2007年10月12日晚，美国证券交易委员会官方网站上出现了巨人网络集团有限公司（以下简称“巨人网络”）的招股说明书。

招股说明书说，巨人网络是上海《征途》网络的控股公司，它将把《征途》旗下的网游产品打包赴纽约交易所上市。巨人网络2007年上半年净营收6.87亿元人民币，相比2006年上半年增长了734.17%，甚至超过2006年全年4.08亿元的营收。2007年上半年毛利高达6.2亿元，毛利率为90.31%，运营利润5.11亿元，相比2006年同期增长了1076.76%，2007年上半年运营利润率为74.37%。

2007年11月1日当天，纽交所历史上第一个不穿西装的敲钟人史玉柱在美国纽交所敲响巨人网络上市的钟声。在巨人网络上市之前，好几家在美国上市的中国网游公司是做代理起家的，而巨人网络则一直强调自主研发。国外比较注重对知识产权的保护，所以在国际投资人看来，自主研发、拥有自主知识产权的产品更值钱，估值相对较高一些。史玉柱对此表示：“有自主知识产权的他们会估价高一些。这个道理很简单，网游如果是代理的话，有一半的销售额要给别人，作为代理费交给开发商。但像我们这样的，毛利率就高达90%以上，不光是我们，只要自主研发的毛利都高，基本上都是90%。”

巨人网络在纽交所上市创下了一些纪录：中国登陆美国最大的IPO民营企业；除美国本土外最大IPO的IT企业。

过去IPO盛大募集1亿多美元，网易只募集到不足1亿美元，九城是几千万美元；完美世界是1亿8千万美元，算是最多的了。过去没有超过2亿美元的，巨人网络一上来就是10亿美元。当人们蜂拥而来，告诉史玉柱他的巨人网络创造了奇迹时，史玉柱却对公司的未来有了新的看法：至少在他眼中，巨人网络上市，绝不是融资圈钱那么简单的事情，而是有更大的目标需要实现。

巨人网络上市后，史玉柱最担心的还是如何保持高速增长：“上市把公司的规格提高了，在纽交所上市的公司都是非常强的。要是跟一个公司做生意，上市跟不上市，肯定要相信上市公司。”

“如果是在A股上市和在香港上市的，可能更相信中国香港，在中国香港和在纽约上市的，肯定更相信纽约，竞争力也会更高一些。一下子把自己拿到国际资本市场上，是因为尽管我们在A股上市能发3倍或4倍的钱，但是我们觉得如果想做百年老店的话，还是来这里意义更大一些。”

上市并非史玉柱事业的终点，他只是实现了人生中的一个重大目标。他表示，他最大的心愿还是让公司继续强大，这是他的核心目标。在巨人的产业版图上，既有中国本土公司之间日趋激烈的竞争，也有中国公司与外国公司间的利益周旋。在各种力量的白热化较量中，网游产业仍然充满变数。可以说，巨人网络的上市，标志着中国本土网游的成功，同时也标志着中国网游得到了世界的认可。

虽然取得了较好的成绩，史玉柱仍非常清醒：“我们还是有很强的危机感的，因为现在上市的网游越来越多了，竞争更加激烈。再加上我们现在又变成最大的IPO民营企业，瞄准我们的人就更多了。我们的确应该有强烈的危机意识。只有拥有强烈的危机意识，才能够不被淘汰。我准备回去之后，星期天早上5点钟到，再休整休整，晚上开员工大会庆祝。第二天我们手机一律关掉，开始玩命搞研发，我的手机也关掉，带着队伍搞研发，去拼一下。”

在很多人看来，2006年巨人网络上市之后的史玉柱会故技重演，改做别的项目，但他本人表示坚持做网游：“我们的目标是成为亚洲最大的网络游戏开发和运营商。”

智慧透析

史玉柱对自己的团队充满信心，这可能是巨人网络上市中的关键因素。

作为一个领导，很重要的一点就是知人善任，给员工充分的权力，给他配套的责任，让他的能力最大地发挥出来。从创业以来，史玉柱觉得自己就得不错，至少骨干一个都没有走。再底层的人他也管不着，骨干没管好，下面的人有可能会走，但是没有太大的人员流失。

做技术出身的史玉柱，始终不会忘记他的研发团队。在团队的品质塑造过程中，领导者因材施教是十分重要的。从某种角度说，好的团队，终究是管理者艺术熔化的结果。技术优先的团队，就应该是专家型为主。

史玉柱曾说："我们的团队很优秀，真去跟他们接触会发现他们大部分人都不善言辞，搞研发的都不善于言辞。网游所谓的专家应该是那些默不作声却能出大成果的人。但这个行业的误区就是认为经常到处演讲的人是专家，其实真正的专家不会到处演讲。到处演讲的人不是专家，因为那样就没有时间去钻研。我觉得我们公司的人都是专家级的人物。"

领导有方，处事有度，为人有量。归功于人，这通常是团队凝聚在一个管理者身上的核心因素。

史玉柱常说："有一部分研发骨干可能除了要提高研发水平之外，还要提高管理水平，首先他们得提高，我也经常拿鞭子抽他们，促使他们提高。然后就是还要扩充队伍，我们想回去之后做个计划，在一年之内再扩充400个人。明年我们会搬到新的办公室，现在的办公室很挤，新的办公楼已经准备了，办公座位都给他们留好了。"

失败了，会有人助你翻身；成功了，会有人助你攀登。敢于承担责任，善于归功团队，这样的人，成功非他莫属。与其说是团队的贡献，不如说是史玉柱的管理魅力，是其在资本市场能纵横捭阖的内在根源。

压低姿态接受质疑

在困难的时候，他给我打气；在稍微好转的时候，他叫我要清醒。一年多以前，我们情况开始有所好转，我到他办公室去，他说，你注意，你又要犯错误了。所以，现在，从营销的角度，一旦有一个好的突破，有一个好的业绩的时候，这句话就出来。现在我每当有成绩的时候，情绪并不高涨。

——史玉柱谈到段永基的时候感激之言

营销策略

史玉柱可能是听到最多同行批评的人了。即便今天，面对外界的某些质疑，史玉柱还是能够压低姿态接受。这是他个人的最优秀品质之一。

2001年，史玉柱向人们描述了巨人站起来的经过。他表示在落难期间，对他影响最大的就是柳传志和段永基："柳传志给了我很多管理上的经验，段永基给了我很多宏观理念上的启发。"关于柳传志的影响，史玉柱说："我记得柳传志跟我谈过两次。一次是我们在安徽开会，他跟我谈了很长时间，教我企业如果从头做，应该怎么做。他还帮我分析了过去存在的问题，他说巨人企业文化上也存在很多问题。他剖析说联想过去文化也存在很多问题，要提一些实用的口号，不要搞空洞的，说'我们要做东方巨人'，这样的口号就太虚了。"

"他总结了几点，后来我们全部采纳了，一个是说到做到，一个企业要有这样一种氛围，从一把手到下面，承诺了一件事就一定要去做。"

"我们现在有很多企业文化都受联想的影响。"

在泰山研究院，这个在1998年以前被称为"泰山产业协会"的企业家沙龙，聚集了一大批中国民营企业界的顶尖人物。据史玉柱所言：

“这是一个非营利机构。这个组织不号召大家合作，不谈政治，不谈宏观，只探讨企业发展和投资管理心得。开会是封闭式的，每个人不准带随从，不鼓励对外联系。每年由会员轮流坐庄。今年（2005年）5月，由冯仑坐庄，去新西兰开了三天会。重点谈多元化，大家的共识是多元化行不通，应该专业化。”

“会员都跟企业有关，有十五六个人。人员与当初成立时已经不同。2005年的会员有：段永基、柳传志、段永平、冯仑、卢志强、林荣强、郑耀文、远思和吴力等。顾问是吴敬琏和胡德平。段永基任理事长，柳传志任总裁，华贻芳是秘书长。1992年的第二届，由我坐庄，出钱在珠海开会。在最困难的1995年、1996年和1997年，我都有参与。1996年在泰山举行的活动，主题是谈巨人的企业经营。当时巨人开始走下坡路，但外界还不知道，是我主动提出来让大家讨论这个案例。”

“大家说得很尖锐，说我违背了很多规律。相当于朋友对我的批斗会。当时自己确实头脑发热。但会上没有探讨怎么施以援手的问题，因为这个组织不鼓励。而且我自己也不想害人，救活巨人的可能性太小了。”

中国民办科技实业家协会（现名“中国民营实业家协会”）秘书长华贻芳曾对史玉柱进行劝解，并写了一首诗给了史玉柱，他说道：“话他听不进去，可是很多事情都憋在我心里，所以一直憋到1997年，就是他正式说感觉到自己很难再坚持了，就是请远道来的人吃顿饭，都觉得要掂量掂量有没有可能，因为囊中羞涩了。所以到了这个时候，我就蹦出来32个字的打油诗，诗写好之后，我没有直接给他，因为我这32个字非常尖刻，就是：

不顾血本，渴求虚荣
恶性膨胀，人财两空
大事不精，小事不细
如此寨主，岂能成功

史玉柱后来把这首诗挂到了他的办公室，虽然苦口，却是良药。

智慧透析

失败之后的人生低谷，是鉴别一个人能力和意志的试金石。企业家如此，创业者如此，普通员工同样如此。史玉柱失败后，在四年的漫长时间里，一直在反省中学习：从柳传志那学管理，从段永基那学战略投资，从古今中外一切失败的案例中学习。巨人失败前后的史玉柱完全判若两人。过去的失败案例，在日后都被史玉柱规避，从资金、到用人，再到管理，都有着质的飞跃。

对于一个企业来说，无法打破既有的思想框架，这是一种管理上的失败。即便这个企业在短期内，可以用资本、惯例和经验，维持利润水平不变。长期的僵化使企业在偶然的失败风险面前，也会输得干干净净。

今天人们都呼吁在管理上学习“苹果教父”乔布斯，但是看一下乔布斯的年表，差不多就是失败—学习的历程。

1977年，苹果推出畅销苹果Ⅱ个人电脑，成为个人电脑市场的领袖。

1981年，IBM PC组装电脑推出。

乔布斯登广告讥讽对手：“欢迎IBM公司：苹果公司真诚欢迎你们和我们合作！”但此后IBM选择了CPU提供商英特尔，它最终成为了最重要的芯片提供商，而操作系统提供商微软也成为行业巨头。

1983年，乔布斯设计的价格达9995美元的Lisa推出，但因价格和缺乏软件支撑宣告失败。

1984年，苹果正式推出Macintosh，在100天里卖出了7万台，可最终因软件应用太少而失败。

1985年，乔布斯被自己请来的百事可乐CEO库克赶出苹果电脑公司。

1995年，乔布斯创立的NeXT亏损，因皮克斯的《玩具总动员》胜出。

1996年，乔布斯回归苹果。

乔布斯回归后，获得了极高的决策地位。苹果已经变成半开放式的系统：iOS操作系统和Safari浏览器，是采用IBM的办法，在核心上加苹果壳。在计算机领域，推出了五彩的iMac，以及MacBook等产品。iPhone革命性的创新，迫使运营商巨头们不得不接受苹果苛刻的条件卖苹果手机。

乔布斯的每一次失败都不是单纯的失败，随后他总是能够吸取教训，吸纳对手的成功经验，东山再起。

正如史玉柱所看到的那样，失败本身就是学习的最好资源。一次大规模的失败，对于团队和管理者来说，都是难得的寻找问题和改进管理方法的机会。3M公司研发过一种新胶水，可效果不好，并导致公司陷入项目困境。后来有人意外发现，一种特殊的纸条粘上这种胶水后很容易撕下来，这就是现在遍布全球的便利贴。

另外，吸取教训，常常是改进和创新的机会。芬兰的一位设计师，为摆脱危机，原本打算给不识字的消费者设计一款手机，结果设计出了一种新式的“图标菜单”。但对大多数贫困国家的消费者而言，手机尚属奢侈品，因而这种手机无法卖出。诺基亚则认为应做到更加耐用。为了适应热带气候，诺基亚公司为手机增添了防水功能，甚至还采用了特殊屏幕，使手机即使在烈日下也清晰可读。结果大卖。

脚踏实地，匍匐着前进

枪打出头鸟。只要你出头，就会有枪对着你，我觉得那个扣扳机的人就是媒体。当年就是媒体把我搞死了，搞休克了。1997年年初，我们的净资产还有两个多亿，媒体突然一说巨人破产了，其实我到现在也没破产，然后再造几个谣，说史玉柱的护照已经给扣押了，巨人大厦资产这一块，属于我应收账款那3个亿的，负债人一看巨人破产了，可以不给了。我负债的，一听说巨人不行了，全部拥到珠海赶快抢资产，能抢多少抢多少。到财务部，看看还有台电脑，赶快搬走。

所以巨人一下子就转不动了。你说我对媒体会怎么样，我总不能感谢它吧。

——摘自《史玉柱谈巨人失败和媒体作用》

营销策略

在史玉柱看来，在中国民营企业，有一种死亡是最为可怕的。“枪打出头鸟”，过度高调很容易曝光在媒体的聚光灯下，让一个本来不错的企业，毁于“以小见大”的口诛笔伐中。

史玉柱商业成功案例和失败案例同时被搬进各大商学院的 MBA 教材。“在一些媒体印象中，提到失败者，首先想到的就是我。”史玉柱对此毫不在意，“我确实不太重视企业宣传和个人品牌形象塑造，最关注的是目标消费者的需求和研究，对非消费者的看法一直比较迟钝。”

巨人失败后，史玉柱和巨人集团即便躲避媒体，也被加上一个“孤独者”的悲情定义，史玉柱曾回应说：“说我是‘孤独者’，是因为我很少在公众面前出现，也很少出现在与政府官员的会面上，我不喜欢、也不会去应酬。”

然而，稍微了解巨人和史玉柱历史的人，都会承认一个事实：史玉柱和媒体的关系，在过去和现在，天壤之别。

时间回到二十年前，史玉柱在媒体上完全是“高、大、全”的科技企业带头人形象。他甚至曾是20世纪90年代全国中央级主流媒体曝光率最高的企业人士。巨人集团的内刊《巨人报》的外销量，甚至超过一些知名的日报。

媒体上的企业家史玉柱形象，完全是一种理想化的色彩。1993年，巨人新技术公司取得的巨大成就引起当地政府和国家领导人的重视，《人民日报》和《经济日报》对他进行了持续的报道。在众多媒体报道中，史玉柱被塑造为一个创业者和知识青年的标本，成为亿万青年心目中理想的时代偶像。在这一时期的媒体眼中，史玉柱是创业的楷模，青年的榜样，年轻且有远大志向的英雄。

当时的媒体通讯一遍遍地强调史玉柱是脚踏实地和艰苦奋斗的模范，而且将这种行为提高到中华民族的传统美德的新时代继承的高度上。

在当时的媒体人的笔下，史玉柱还是怀着“振兴中华”的美梦的一代新青年，正是在这种背景下，史玉柱也就顺理成章地获得了“中国改革十大风云人物”的荣誉和光环。

看似光鲜的外表，却给巨人的垮塌埋下了种子。1996年10月，因广告纠纷，巨人向娃哈哈赔偿经济损失200万元，巨人的保健品市场停滞，巨人大厦正浮出地面，每一天都需要投入大笔资金。1997年1月19日“标王”秦池酒的“兑酒事件”曝光，某报社的一个记者，用《巨人史玉柱身陷重围》炮制了一个“巨人的财务危机”的报道。这一天下午，史玉柱在自己的本子上写下四个字——“天亡我也”，合上本子后继续开会。

在巨人集团彻底倒下一个月后，这篇报道提及的所谓新闻才真正出现。像“巨人集团资产已被法院查封，集团本部职工已经三个月未发工资，一名副总裁和七名分公司经理携款携物失踪，史玉柱在脑白金保健品上交学费数亿”等经不起推敲的虚假报道，在不到一个月时间成了供应商向巨人催收账款，银行停止向巨人贷款的“理由”。

墙倒众人推。原来的那些跟风宣扬他的媒体，此时开始调转枪口，利用各种渠道获得的“花边消息”，开始在社会舆论层次中，创造了一个“资金链条全面断裂”的巨人集团。巨人集团在短时间内分崩离析，史玉柱不再是举着酒杯为战士壮行的“元帅”，而是成为一个“木讷、内向、不善与人沟通的程序员”。史玉柱本人则被一些报纸用“骗子”这样富有攻击性的名词，彻底打入另类名单，据说类似的负面报道多达几千篇。

从此，史玉柱不得不避开媒体，甚至能躲多远，就躲多远。在经历了沧桑后，史玉柱深有感触地说，中国社会缺乏宽容失败的文化土壤，企业家要想不招惹麻烦，只有低调踏实。

智慧透析

毋庸置疑的一点是，巨人的失败有着某种程度上的必然性。但其中经常被人忽略的环节是，巨人和媒体关系过度亲密。

对任何初次创业的企业而言，过度包装和宣传，缺乏应对媒体的成熟策略，都十分危险。因为，一个有着很大潜力的新企业，很容易面临“打新”的威胁，乃至形象危机被放大到危险的可能。

扎克伯格在Facebook上市前，曾经是全美各大媒体高度关注的企业明星，分析师们曾预测上市将使Facebook获得良好的资本支持和市场外创业资源的融合机会。然而，等到正式上市，扎克伯格却遭遇了戏剧性的挫败，包括高盛、大摩在内的同行暗中布局，将Facebook变成了对赌的诱饵。刚一上市，Facebook股价迅速跳水后破发，成为美国股市历史上第一支遭遇上市逆流的高科技公司。此后，扎克伯格不得不退出资本操作，转而在产品线上重新创业。和媒体过分亲近的直接代价是，扎克伯格成为历史上身价缩水最快的知识富豪。

企业处理与媒体关系，基本出发点应该是维护自身的形象、说一不二。安利集团蕾切尔与她的公司，用强硬的态度维护自身利益，反而从未受到媒体的压迫。这是因为，在美国的文化传统里，强者才可能得到理解与尊敬。

但仅仅作出强硬的表态是远远不够的。

哈佛商学院建议应该从以下几方面考虑，制订一套缜密的执行方案。比如新闻稿应该用什么方式表达，发布之后媒体、公众和政府可能有哪些反应，针对不同的情况是否准备了不同的应对预案，等等。

缺少详细的推演与执行方案，企业管理者的决策就如同一场豪赌，其代价可能是非常昂贵的。这时候，有限的回应很可能挽回局面。问题是大多数的初次创业者根本不知道，有限度的反击策略才最有效。

今天的史玉柱，在这方面已经显得足够成熟。在以后的各次舆论实践中，特别是《征途》游戏的宣传中，他都坚决地执行了创业媒体形象中的应对原则。比如强烈抗议那些指责他破坏规则的声音、高调反击网络谣言等。事实证明，巨人的网络形象在行业中得到了不断提升。

为过去的失败承担责任

在最低谷的时候，我经常独自一人在房间里面回顾我的过去，我哪些地方做错了，思考如果我要再重新创业的话，哪些地方我是需要克服的，哪些错误是不能犯的，我到底有哪些缺点。

我觉得这一段的思考，包括和内部（员工）开的批评与自我批评的会议，让我的部下来批评我，这个过程对我来说，虽然不能说是脱胎换骨，但是至少让我整个人的思维方式有很大的转变，包括工作习惯、做法变化都很大。现在回过头来看，就是从一个傻小子变成一个相对理智的做事、搞企业的人。

——摘自《史玉柱2009年在互联网大会上的讲话》

营销策略

1997年，在巨人失败的阴影中，史玉柱突然变成了“另外一个人”。曾经十分健谈的他，决定听一听部下们的意见。“最痛苦的时候，压力最大的时候，脑子里面只有一件事儿的时候，我把全国的分公司经理召到黄山脚下北大门那个招待所里面，然后在那个地方闭门开批判会。大家批判我，批评了3天3夜，我觉得那个就很有用。”

后来的事实证明，召开这个批评会可能是史玉柱人生中最重要的决定之一。坦然接受团队成员的批评，为过去的失败承担责任，这是史玉柱的成功之道。

1997年1月19日上午那场黄山太平镇下的会议，堪称史玉柱创业的第二大转折点。整个上午，史玉柱都在默默地听着部下们的批评。批评内容主要有两条，第一，史玉柱对部下漠不关心；第二，管理机构不够健全。

人们很难理解史玉柱召开的这个批评和自我批评会。有些人说这是对军事化管理的迷信。事实上，史玉柱的创业时代，的确一直存在着相对宽松的管理。

早在1996年的《巨人报》上，外界看到的史玉柱，其实并不是一个领袖风格浓重的人。巨人的内刊上，对于领导者和创业者的史玉柱描述得十分平淡：在内部员工看来，史玉柱和普通的程序员没什么差别。他穿着巨人员工的普通制服，开一辆夏利，见客户和官员都是如此。

但是，史玉柱的军事化管理则充满着变数。巨人集团的前副总裁王建认为，史玉柱在表面的随意之外，还有另外一面。他对部下的建议，常常是你讲你的，我做我的。营销副总裁王育则称史玉柱的加班是一种压缩饼干的工作方式。任务过重，过于烦琐，事事量化。等到巨人的规模扩张了数十倍后，这一套工作方式已经无法继续进行下去。

1994年，察觉到巨人汉卡的部分负责人出现管理问题时，史玉柱在春节过后公开向员工道歉：我是技术员出身，不懂管理。需要学习，公司需要规范化。

此后，这一本来源于军事管理的方法，成了史玉柱的标准行事方式之一。直到今天，史玉柱还是敢于、乐于接受外界对他的种种批评，哪怕是误解。

史玉柱使用的这种批评和自我批评的方式，实际上还是为部下所接受的。这套制度，也成为日后的巨人网络集团的管理模式。

智慧透析

一个企业内到底要不要有不同声音，要不要有正式的“批评和自我批评”，都是个大问题。创业公司也好，百年老店也罢，这是必须面临的问题。

史玉柱管理是学习柳传志的，为什么？

因为柳传志的观点更具有一般性，老板、员工、大公司、小公司、内部外部、公关运营都适用。柳传志说：“要理想，不要理想化，无论产品研发还是公司运营皆如此。”做公司办企业，要学会适度“低头”。这个低头就是对沟通的态度和执行意识。

既然企业家和员工在上帝面前都选择低头，那么在内部的沟通、建议协调上，自然更应该低头。这种低头，就是史玉柱的那种批评和自我批评的方式的正式化。

波士顿曲棍球队的著名球员和管理者博奥尼尔说：“在企业里，由于某些原因，我们还没意识到这些利害关系，虽然我们绝大部分清醒的时间都放在工作上。想想人们在损害其他人上用的精力——大家都在同一家公司工作——比如说，通过流言蜚语而暗中破坏。流言蜚语会抹杀机会，还会削弱公司业务，或至少削弱业务的真正潜力，二者本质上是相同的。最终我们变得更努力地去损害同事，而不是更努力去提升市场上的业务表现。我们挫败自己的程度远远胜于竞争对手打击我们的程度。”

自我批评和批评的好处在于，这是一种可以把个人的各种意见，包括不满，以内部沟通的正式方式显现出来。与其双方暗中不满，损害团队的和谐气氛和执行力，不如开诚布公，创造一个减少危害的好出口。

有种事情比投资更艰难

我从来没有在你们面前流过泪，这是第一次也是最后一次，你们以后再也不会看到我史玉柱流泪。

——摘自《史玉柱1991年创业团队会讲话》

营销策略

史玉柱第一次创业付出的代价是常人难以想象的。巨人创业另一端的筹码，正是史玉柱的婚姻。

为了巨人汉卡新产品的诞生，史玉柱很少回家。当他从深圳大学赶回家中，妻子已经离开了。当天晚上，史玉柱说，他喝醉并哭了。他很坦诚地对人说，“是她不要我”。

史玉柱的创业前史，某种程度上和他的前妻董春兰有关。按照史玉柱早期合作者的看法，史玉柱带有英雄主义色彩，个人中心感强烈，却是个内向而不善于沟通的人。

在夫妻二人的共同朋友金玉言看来：“他最大的缺点就是没什么爱好，唯一喜欢的就是看书。”史玉柱在生活中似乎是个单调乏味的人：“晚上9点半之后就不工作了，看完一本书才睡觉，第二天早晨10点多才起床，即便是出差也是如此。他在珠海的办公室，三面都是书架，而且他对看过的书一般都记得。”

二十年后，《征途》老板数个小时打《征途》游戏，一度成为标志性的新闻。业界和媒体多数认为，这不过是史玉柱商业广告的个人秀。事实上，在创业和事业上，史玉柱本身可能有一种理想主义人格主导的坚定和专注。事情可能根本不是“秀”那么简单。

创业初期，妻子一直是史玉柱的坚定支持者。开发M-6041汉卡时，妻子辞去了统计局的工作，和他一起来到深圳大学的电脑服务部。但汉卡面临的外部产品压力，让史玉柱不得不全身心投入到产品的设计和创新上。

金玉言回忆说，董春兰在深圳住院割掉一个肾，史玉柱都没好好关心过她，这让她十分伤心。这是因为史玉柱在汉卡研发中，投入太多时间，因此才忽略妻子。1990年1月，史玉柱包下深圳大学的两间学生公寓，准备了20箱方便面，把自己“关”了整整150天。5个月“集中营式的生活”的成果，是功能更强的M-6042汉卡。然而，这五个月，他几乎将近在咫尺的妻子的所有要求拒之门外。

经过半个多月的商谈，史玉柱无法让妻子回心转意，两人离婚了。这给史玉柱带来的影响不小。离婚之后，史玉柱把所有创业的朋友叫来，倾诉离婚的痛苦，泪流满面，然后喝得酩酊大醉。第二天，史玉柱向他15个核心创业员工说：“我从来没有在你们面前流过泪，这是第一次也是最后一次，你们以后再也不会看到我史玉柱流泪。”

成功后的史玉柱，绝口不提自己的婚姻。坊间流传史玉柱和前妻的种种猜测，他都基本上听之任之。史玉柱相信，谣言止于智者。喜欢在新浪微博上发段子，晒照片的他，正以另一种方式，表达对创业和婚姻之间抉择的态度。

1995年，董春兰考取了注册会计师的执业资格，成为中国第一批注册会计师。不久回到安徽组建了安徽正信会计师事务所，任法人代表。

2013年，史玉柱宣布退休。看起来他前两年在新浪上的回答，明显是一种刻意的躲避。人们发现，天命之年的史玉柱，还是孑然一身。

智慧透析

修身、齐家、治国、平天下。这是传统中国知识分子几千年传承而来的管理智慧。家庭稳定，婚姻美满，一般被认为是创业的先决条件。儒家商业圈范围内，夫妻为中心的家族企业治理结构十分普遍。婚姻因素对于创业者目标的影响十分复杂。

选择家庭还是企业，情感还是理性，眼泪还是冷面，此中痛苦，旁人难以感受和体会，百味俱陈。经济学家说，任何选择都有机会成本。创业更是如此，需要付出必要的代价。史玉柱“离婚创业”，对于现代中国本土的一大批企业家来说，是管理上对于治理优化的最佳选择。比如，海尔集团前总裁张瑞敏就说：搞企业的，把家给忘了，就成为企业家了，没有几个企业家的婚姻家庭是圆满幸福的。

日本和西方的管理学家认为：婚姻是家族企业家一生最大的合同，婚姻是家族企业主最重大的商业决策之一。离婚办企业者，通常更容易把家庭情感转化到企业中去。

企业作为一种非人性的存在，客观上需要“家庭般的氛围”来凝聚人心。这一点，对于创业的团队形成，目标愿景的设定，企业的战略定位，长期的治理结构，乃至组织的沟通稳定等方面，都有着持久性、显著性的影响。创业领导者的禀赋，一旦和家庭的烙印挂钩，将不可避免地塑造企业的管理方式，影响企业整体、员工管理的基本风貌。

据调查，中国59%家族企业失去过关键员工，其中2/3是在一年左右离职。但是，史玉柱的团队在二十年中却无一核心员工流失。不顾家的企业家群体，在企业管理的效率与团队稳定上优势明显。

相反，创业成功后，在婚姻问题上的选择，常因为财产问题导致公司管理和家庭上的双重失败。巴菲特说，决定和谁结婚，比投资更艰难，这也道出企业家和投资家们的艰辛。

当然，创业者和婚姻之间的关系偏弱，对于如今新一代创业者来说并不是说要为了创业的伟大理想而牺牲婚姻。为创业放弃婚姻，多数情况下是不可取的。

1990年，乔布斯邂逅妻子劳伦，在创业和婚姻面前，乔布斯选择了婚姻。乔布斯回忆："我在停车场时，车钥匙已经插上。我问自己，'如果这是我人生在世最后一天，我是愿意开一场商业会议，还是同这个女人一起度过？'我跑出停车场，问她是否愿意与我共进晚餐。她说好。我们一起走进车里，自此一生携手。"史玉柱的好朋友马云是这样评价自己夫人的："她对我的帮助是全方位的，无论事业上还是生活上，都是全力地理解和支持。"

为创业赌上婚姻，多少有种英雄气短的悲壮。反过来说，这也许是创业前准备不足的某种反射。毕竟，婚姻只有一次，创业却可以从头再来。一个把握不好家庭的人，也许无法真正掌握自己的理想。

下篇

全面营销，把战略计划落到实处

在这个动荡不安，竞争激烈而又生产过剩的全球化大环境下，正确的营销知识不会有很大的帮助，我们真正需要的是正确的营销行动。换句话说，就是企业能否把市场营销作为一项核心职能对待，能否把市场营销这一企业核心思想真正地落实。

第九章
策略得当，营销有效

投资大忌：抽离优势项目资金支持问题业务

在巨人陷入麻烦后的一年里，我被眼前的事缠住了，将来的事还真没有考虑过，一心扑在“挽救”上，就是要把巨人大厦盘活。当时政府也挺支持，把我们欠巨人大厦的地价钱给免了，甚至还把巨人旁边的一块地几乎无偿地纳入进来，让我们用它招商，然后把楼盖起来，因为楼盖起来问题就全部解决了，债务也就全部清了。

所以那时我差不多一年（时间）里全都是在跑招商的事，（那时）有一个公司已经（和我们）洽谈好了，楼也准备建了，可最后这家公司却突然又反悔了。

珠海巨人的倒下，我至今认为不是因为做了脑黄金，而是倒在巨人大厦上的。脑黄金毕竟还产生了1亿多元的利润。

——摘自《史玉柱：2001年反省巨人大厦的失败时讲话》

营销策略

脑黄金没有失败，巨人大厦才是巨人集团走向衰败的根源。

回顾史玉柱巨人集团的黄金时代，脑黄金的开发，其实还算得上他的得意之作。以产品的赢利能力来说，脑黄金的意义不亚于巨人汉卡。

1993年，巨人在计算机软件领域的“瓶颈期”来临。此前，按照一年生产一种巨人系列新产品的进度，巨人软件家族初具雏形，集团在一年之内推出多种IT产品。毫不夸张地说，几乎所有能够想到的IT产品，巨人集团都能生产。例如，中文手写电脑、中文笔记本电脑、巨人传真卡、巨人中文电子收款机、巨人钻石财务软件、巨人加密卡等。

简单的“横向一体化开发”策略并没有给巨人带来更多的利润。相比于前两年订货额200%～300%的增长速度，1993年的订货额比1992年下降了30%，这让史玉柱感到了危机。他认为：“我们是从巨人汉卡开始的，是在特定的环境下，当时计算机内存很小，巨人汉卡才有市场。如果不转型，公司就倒掉。”

为了寻找巨人的下一个蓝海，史玉柱首先盯上的是保健品行业。这是差不多和计算机同时蹿红的新兴行业，1987年，《中药保健药品的管理规定》政策出台。营养保健口服液产品太阳神、娃哈哈、红桃K、振华851等产品让消费市场火爆异常。尽管这一时期的生产商多数还是小作坊，市场规模也达到100亿元左右。

从1994年起，在保健食品行业产业链上，巨人集团开始崭露头角。健康元（脑黄金）、乐百氏（生命核能口服液）、红桃K和三株口服液等展开了激烈的市场竞争。之后，搭上生物基因工程概念快车的“巨不肥”销量大幅攀升，在短短4年内，仅脑黄金就产生了一亿元的利润。

8月，一次偶然的机会，史玉柱遇见校友袁彬，两人决定合作开发“脑黄金”产品。一个月后，脑黄金成品诞生，史玉柱为此公开重奖了易政、张连龙、李宁等功臣。脑黄金堪称保健品历史上生产最快、最成功的产品之一。

外部宏观环境中喧嚣和过热，使得巨人集团为了利润短期内集中的注意力开始分散。1993年是中国经济异常过热的一年。随着东南亚经济的腾飞，大量游资涌入该地区。从香港吹向深圳的“炒楼花”之风，也开始在整个中国蔓延。

在那个激情四溢的年月，史玉柱认为珠海也会像深圳一样成为国际化大都市。珠海市政府批给巨人的这块规划面积达10000平方米的土地，地理位置极佳：东临珠海市电视中心、金融中心和邮电中心，西靠体育中心，南接商业中心，北面则以当时正处于规划建设中的珠海市新政府为邻居。

对于“寸土寸金”、价值极高的政府拨地，谁能忍住不动心思去大干一场呢？史玉柱的唯一念头就是：“不能就这么轻易地白白浪费。”然而，房地产就像一个无限吸纳利润的无底洞，让巨人塌陷到“资金黑洞”中。

史玉柱最初构想巨人大厦将成为巨人集团开发中心、行政中心、物流中心、员工公寓、员工食堂、员工活动中心等的载体。可没过多久，他突然决定将巨人大厦作为一个房地产项目来开发和经营。

巨人大厦开始策划修建，起初设计为18层，后来改成38层。再后来又变成54层、64层。到1994年年初，史玉柱竟宣称巨人大厦要建72层。投资也从最初的2亿元涨到12亿元。

直到五年后，这种“折腾”的内情才浮出水面。史玉柱自述了其中的“折腾”原因：“当时的想法是这样的，自已投1亿多，当然实际上最后投了2.5亿进去，当时以为我投入1亿多就可以出地面，然后出地面，银行就可以提供贷款了，所以在出地面之前，也没去找银行，找了银行可能也不会贷，因为那时候对民营企业贷款还是限制的。”

按照当初的构想，大厦以“楼花”形式出售，再把得到的现金投资到大厦的建筑工程上，所以史玉柱认为，“巨人集团”要拿出来的钱并不多。到最后，巨人大厦最终被定位为耗资12亿。1993年，珠海西区别墅在香港卖出十多亿楼花，可是等到1994年史玉柱卖楼花的时候，政府宏观调控已经开始，对卖楼花开始限制。到1998年，巨人大厦陷入困境，资金链断裂，巨人开始解体。

智慧透析

波斯顿矩阵是美国波斯顿咨询公司（BCG）1960年为一家造纸公司做咨询时提出的一种投资组合分析方法。

它把企业的相对市场占有率作为战略竞争地位的衡量标准。任何一个战略经营领域在未来的增长率、相对的市场占有率被计算出后，都能在这一矩阵中标出相应的位置。

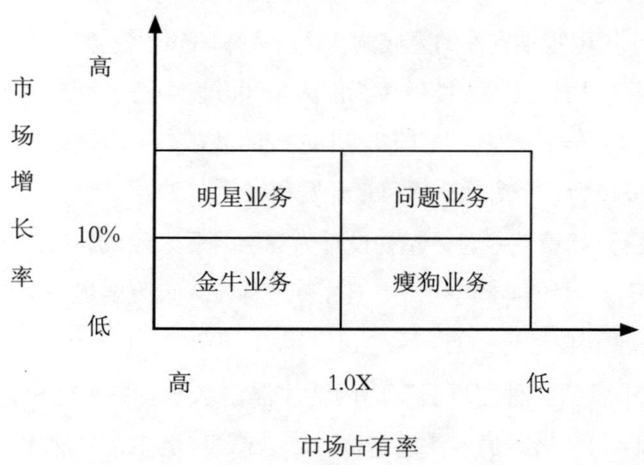

这个矩阵把一个企业的产品业务按照增长率和现金能力分成了四类。只要充分掌握市场资料，大致分为：

（1）高增长/低竞争地位的“问题业务”。现金流最差的新业务，但可能成为“明星业务”，需要研究是否值得投资等问题。

（2）高增长/强竞争地位的“明星业务”。“明星业务”在增长和获利上有着极好的机会，短期内应优先供给它们所需的资源，支持它们继续发展。

（3）低增长/强竞争地位的“金牛业务”。成熟的低速增长的市场，本身不需要投资，反而能为企业提供大量资金，用以支持其他业务的发展。

（4）低增长/弱竞争地位的“瘦狗业务”。市场饱和，竞争激烈，应该缩小经营范围，加强内部管理。适于清理业务或退出经营。

在史玉柱的时代，这个清晰简单的西方成熟管理工具还没有传播到中国。对比波士顿矩阵，就中国当时相对简单的市场来说，他掌握市场资料的难度是很低的。

波士顿矩阵的原则之一就是，绝不能放弃对明星业务的资源支持，轻易开启问题业务。史玉柱却一而再再而三地将脑黄金的资金抽出，完全犯了管理和战略评估上的大忌。

巨人集团将保健品业务发展成明星后，就迫不及待地开发房地产业务，可以说，在当时的市场环境下，保健品是明星业务，但由于企业没有能够提供源源不断的现金支持使其成为现金牛业务，最后两败俱伤，企业全面陷入困境。汉卡当时并没有完全失掉市场优势，至少在市场占有率上还是成功的。

在企业的产品战略预估和实际市场地位的选择上，管理者如果不能划分清晰的界限是一件危险事情。巨人大厦的失败，很大程度上是一种高估业务前景的结果。实际上直到今天，仍然有很多企业无法成熟的应用波士顿矩阵。

其实，这个矩阵的意义在于最大限度的简化战略前景的评估形式。即便那些业务繁多的企业，也完全可以只选择代表性的业务，然后加以权衡，做出正确决策，就可以克服史玉柱式的难题了。

二元营销，模式制胜

大概在2007—2008年，到现在探索了有3年多时间。其实在一年之前，我们这种商业模式就具备雏形了。当时因为理念太创新，团队把握不大，后来商量决定，在《绿色征途》上先作一点尝试。《绿色征途》最高在线冲到近50万人，让我们对这种新商业模式很有信心。

当时探索新商业模式是被逼的，道具收费的不公平缺陷在我们公司上市前后开始慢慢显露出来。我们感觉到有越来越多不花钱玩家对这一点有很大意见，这就使得团队下定决心开始进行新的探索，解决这种瓶颈。现在的这种公平游戏模式，主要靠的就是市场手段来调节游戏平衡性，还给玩家公平的游戏环境。

——2011年史玉柱对于自己的商业模式的看法

市场营销的关键是空军和陆军的配合。空军好比是做广告，陆军好比是做营销，配合好了才能做。我只进免费的网吧，收钱的不进。

——史玉柱的空军和陆军观念

营销策略

史玉柱的市场营销模式和别人不同。在实践中，史玉柱发明了一种复合的二元营销方式，即空军和陆军的配合。所谓“空军”，指的是广告和媒体宣传。所谓“陆军”，是实体营销队伍所开展的面对面的营销推广。在史玉柱看来，二者互为补充，缺一不可。

史玉柱对广告的青睐，很大程度上是西方国家的公司第一次进入中国时采取的广告营销策略导致的。在巨人汉卡初创之时，国外计算机公司的品牌推广销售策略，对他和业界的影响至深。当西方公司第一次来深圳推广他们的康柏、戴尔、东芝、IBM等品牌时，采取的是铺天盖地的广告轰炸，从语言到形象的全方位的冲击。

蓝色巨人IBM的广告，无疑给当时并不怎么习惯广告创意的史玉柱和绝大多数中国人上了一堂课。在电视机刚开始普及的20世纪80年代末，中国的电视节目是一种完全公益的国家服务。广告处于无足轻重的地位，企业表现自己的方式，也是通过赞助电视剧或者其他综艺节目。

外国公司在中国的广告推销法，起初都是靠行业性的报刊或者大型的商品订购会。史玉柱最初的广告认知，也全部是模糊的做法，比如他曾经花两万元的巨款买广告版面，而当时的史玉柱还背负4000元的外债，如果广告不成功，他的事业也许就要画上句号。

外国公司广告的夸张标志和宣传设计用语，也深深感染了史玉柱。此后很多年来，史玉柱公司的广告都带着同样的痕迹：将简单的用语重复，重复，再重复。从认知心理学的角度看，重复的渲染和灌输，的确有助于消费者形成某种先入为主的印象。

史玉柱的高明之处，还在于他善于将所有的媒体资源都用上，进行大面积的布局。

在广告的推广上，史玉柱将强势灌输宣传作为一种手段。在全国的每一个电视台，都有一个巨人营销专员，用几十万元资金专门要求电视台在某一时间推送巨人制造的广告。那一段时间，巨人的广告成为全国性的潮流，各种各样的“巨人”都出现。

有人还发现一个规律，史玉柱十分青睐在央视投放广告。只要有机会，他都会全力促成巨人的广告在央视播出。即便花费大量的广告资金也在所不惜。

当史玉柱在北京网博会上透露《征途》要上央视做广告的时候，很多人都没当真，以为不过是一个噱头。谁也没料到，征途网络的广告真的出现在了央视。

2006年12月1日，一组爆笑版的征途网络形象广告正式在央视亮相，观众在央视一套和五套的黄金时间，都能看到一个红衣女子对着笔记本爆笑不已的场景。这是国内网游运营商第一次以单纯的形象广告登陆央视。

征途网络副总经理汤敏在接受记者采访时表示，《征途》网络游戏玩家是18～35岁的白领阶层，在央视重金投广告，不会直接带动游戏玩家的数量。但是，作为新兴的网游运营商，征途网络希望能有更高的知名度。同时，征途形象广告选择在亚运会期间播出，也希望借此向更多的人传达这样的信息：网络游戏和其他体育运动一样，都是一种健康的娱乐活动。

史玉柱的另一高明之处在于，他将营销人才的管理培养单独划分出来，成为企业的一种核心资源。史玉柱曾经前往三株集团参加培训，因此他的大部分营销方式都有三株的影子。从三株集团回来后，史玉柱做出的重大决定就是：他要独立建设一支自己直辖的营销团队。

把营销团队从管理体系中单独划分出来，这是史玉柱经营公司的最大特色。若干年以后，全国的每一家公司都设立了市场部和营销部，这和史玉柱的影响是分不开的。

史玉柱对于营销有着独特的手法，他并不单独强调说服的技巧，而是将营销队伍本身广告化、特质化。在史玉柱之前，尽管有人试图建立独立的营销部门，但都缺乏统一性而以失败告终。

史玉柱还是第一个采用统一的标准化招聘，标准的培养模式，锻造营销队伍的人。他利用军事化管理的方式，在细节和管理技术上，让绝大多数只有初中文凭的员工掌握了营销技巧。更重要的是，这些队伍中的大多数人都能做到令行禁止，高速有效地执行营销目标。

在《征途》游戏的研发和推广中，史玉柱将这支善于调查，善于沟通的队伍，直接变成了体验式营销的大军。脑白金时代，巨人在全国拥有150多个销售分支机构、1800多个县市办事处和29万个销售点。在《征途》的推广中，他如法炮制了脑白金的落地营销方式，全国有2000多人的推广队伍，目标是铺遍1800多个市、县、乡镇。

智慧透析

史玉柱的广告投放方式一度被称作营销神话。商学院教师将他的大部分广告和营销行动，作为案例教材进行讲解。然而大部分的解读都是史玉柱无法接受的。其实，史玉柱的广告行动很大程度上并没有理论化，也不像人们表面看起来那么动人。这些广告正如他本身信奉的军事化管理方式一样，是土生土长的鲜活案例。

在学习他的营销方式时，要特别注意不可盲目复制、抄袭。尽管商学院的学生，不少都将史玉柱或者别的什么人的案例奉为经典。可具体到某一产品、某次营销活动，仍然束手无策。这说明，营销手段的执行和实用，是以灵活实用为原则的。

其次，史玉柱的广告区分度是很小的，他的广告以规模取胜。随着时间和技术条件的变化，这种方式的效率和效果都值得怀疑。在智能手机的挑战下，平台广告采用何种模式宣传，是否需要大规模的营销队伍，都需要考虑。

在新的情况下，史玉柱的广告细节处理方式，可能需要更多的调整。这些调整，不是靠经验就能完全进行的，例如视觉设计、宣传用语、心理和美学效果的处理，都需要专业化团队才能完成。对于营销队伍本身，管理者也有了更高的要求，这势必在成本上挑战史玉柱式的营销方式。

承认短板，突破市场壁垒

我不怕盛大，它的重点不在游戏了。我看不上它（此处指九城）。靠暴雪的牌子，短时间内到了50万。《魔兽世界》编得实在是好，3D里面5年之内出不了能超过它的，但它的致命伤在文化上。举例说，中国人怕死人，外国人不怕尸体，中国人难以接受去扮演一个亡灵。它也就是这个规模，上不去了。

我对金山比较熟，但现在不急着说，几个月后你就能看出来，我一款游戏就把它所有游戏都超过了。QQ可怕但也不同类，不是我们这个圈子内的。

——史玉柱对《第一财经日报》记者谈它的竞争对手

营销策略

史玉柱在高调宣布进入网络游戏时，曾经兴致勃勃地谈起他主要的几个潜在对手，盛大、九城、金山和腾讯。在他看来，在网络游戏上，自己作为一个合格的玩家和真正的业界挑战者，是知彼知已的。

史玉柱的眼光，其实从来都没有超出市场之外。他坚持走不同于传统网游发展的道路。早在初始代理游戏的时代，他就开始考虑要开发一个自主性的民族游戏。他第一个免费运营设计游戏；他第一个在游戏中加入“股票系统”“宠物代练系统”；他第一个把休闲小游戏引入MMORPG（指大型多人在线角扮演游戏）。“《征途》模式”是中国网游发展的分水岭，为网游发展提供了全新方向和全新思路。

史玉柱表示：“《征途》是我们自主研发的，有自己的知识产权。”盛大网络公司董事长陈天桥也曾说过：“假如问我对同行有什么建议，我会说你应该自主研发，这种模式真的很赚钱。”

2005年，在“中国民族网络游戏出版工程”实施后，国家对动漫游戏产业的扶持力度不断加大，这也使一些企业看到了希望，很多靠引进代理国外产品过日子的国内游戏企业加大了在研发上的投入。

盛大董事长陈天桥在2007年的一次发言中指出：“目前，网络游戏产业以年均30%的速度增长，其中拥有自主知识产权的游戏收入已经占总收入的一半以上，网易、金山、巨人、完美时空等游戏开发公司已经形成了一个自主研发的企业群。”网易总裁丁磊表示：“网络游戏是网易从头到尾都坚持的，现在公司大部分的资源都投入到相关的技术研发当中。”

在这些网游行业的先行者面前，史玉柱在研发方面自然不敢懈怠。2007年1月，他在做客新浪网时表示：“我们现在的研发计划是5年，这5年我们每3～5个月就推一个大型资料片，我们下一周就有一个大型资料片出来，这个资料片完全是另外一种全新的玩法，这个游戏里的内容会越来越多，我们现在已经有好几百种游戏元素在里面了。现在我们自己都觉得已经是百科全书式了，也有人那么评论，别人有的你也有，然后我们还有很多自己的创新，再过5年我们的肯定是越来越好玩。”为了保证网络游戏的研发力度，2008年3月，巨人网络集团与华为技术有限公司联合对外宣布，双方在网络游戏领域开展技术合作，组建联合实验室，旨在充分发挥双方自主研发优势，通过技术创新提升用户体验，为适应网络游戏市场更快速发展做技术储备。双方的合作模式以资源共享为原则，华为将为实验室免费提供硬件设备及定制开发，巨人网络将为实验室提供游戏运营服务器的各种性能参数。

对于竞争对手——九城依靠代理《魔兽世界》发家，史玉柱表示：“我看不上它。靠暴雪的牌子，短时间内到了50万。《魔兽世界》编得实在是好，3D里面5年之内出不了能超过它的，但它的致命伤在文化上。举例来说，中国人怕死人，外国人不怕尸体，中国人难以接受去扮演一个亡灵。它也就是这个规模，上不去了。”

“就中国来说，还是应该多发展民族的原创网络游戏。现在市场上推行高资费标准的基本上是境外的网络游戏，其实它们给玩家造成很重的经济负担。而且还有一点，这些境外的网络游戏全都是在宣扬西方价值观、人生观。说轻一点，会对玩家思想造成不好的影响；说重一点，那就是一种变相的文化侵略。我觉得这是目前国内网络游戏市场中存在的一个很大的问题，应该引起大家重视。”

“不要以为我是为了推销自己的东西才说这些，如果大家有心，去那些所谓的欧美大作里看看是不是在宣扬西方的那一套东西。这些代理过来的境外网络不但收费高得离谱，而且基本上都是血腥和暴力内容，没有一点控制。所以我历来坚持这样的观点，即中国的网络游戏就应该宣传中国自己好的东西，宣传中国的传统文化，比如儒家爱国家爱人民的仁爱思想，墨家‘兼爱’‘非攻’的侠义思想，这些才应该成为中国网络游戏的丰富底蕴。”

有人将《征途》和欧美游戏进行比较，分析它们的差距，史玉柱对此的回答是：“中国游戏更适合中国玩家，因为我们弘扬的是中国文化，游戏中加入了儒家、法家、墨家、道家、兵家等源远流长的文化思想，而且作为原创力量，我们肯定比欧美的研发人员更知道中国玩家的需求。”

这只是史玉柱谈到的优势方面，本土游戏的劣势依然明显。在他意识到自己当初对国外游戏低估的错误判断之后，他接受采访时说道：“民族的，也是世界的。”

这句话在游戏领域也适用。也许某天，不仅是中国玩家玩中国特色的游戏，国外玩家也会对这些中国特色的东西感兴趣。

智慧透析

熟悉已有规则，然后制定战略，打破规则，这是后发企业突破市场壁垒，挑战市场领导者的一种普遍策略。在一些明显不成熟或者有各种各样短板的市场里，利用短板本身，承认短板的存在，经常是创新和增长的关键。

尤里·内伦，创新者国际的CEO，他协助经营超过30家以上的跨国公司，帮助每家企业进行创新管理，并完成顶线增长。他发现，那些业绩持续增长的公司总是能用极少的资源进行创新。也就是说，这些企业经常是在看上去无法插足但问题成堆的地方，实现业绩增长。

尤里还说：“新兴市场带来一系列复杂的外部限制因素，公司应该考虑这些因素，我们已经看到印度塔塔公司的Nano汽车取得了小小的成功，Nano是世界上最便宜的汽车，每辆仅售2500美元；再来看看德维·谢蒂医生，他和他的医疗团队以极低的费用为印度穷人做心脏手术，这种做法击败了西方的价值标准。即便是宝洁这样精明的大型创新企业也表示，他们还没有掌握这个世界额外强加的约束条件。因此，外部强加的约束和有意设置的约束相结合，让依视路的成功更为显著。”

管理学家认为，“若想将短板变成你的优势，公司首先必须具备拥抱不断变化的世界的态度，在多数大公司里，这点都很欠缺，这些大公司本来就是为管理现有资产并保持稳步少量增长而设计的。”

在中国本土企业家面对的市场中，这种短板情况更加明显，特别是外国公司已经控制的市场上，民族产品面临外部限制因素；在非洲和发展中国家的市场中，中国企业同样处于劣势地位。这都需要企业从弱点和短板出发，开发满足需求的产品，实现规则和策略上弱点的创新。

聚焦战略，农村包围城市

再完美的公司也有势力薄弱的区域。在这些区域，他们投入的资源相对较少，市场根基并不扎实，如果我们能够集中资源，集中发力的话，是完全可以战胜这些大公司的。在一线城市的很多网吧贴广告画是要付钱的，但是在二三线城市基本上不需要。

比如，上海的网管对营销人员会爱理不理，干什么都很难，但是到了上海周边县、镇里的网吧，从网管到网吧老板对营销（人员）都非常热情，给你倒水、帮你贴画，而且这些宣传都是免费的。

——史玉柱论聚焦战略

营销策略

打通销售通路，新产品才能真正到达消费者手中。史玉柱每推出一个新产品，都在通路上下了不少工夫。例如，卖脑白金时，史玉柱在全国的200多个城市设置办事处，3000多个县设置代表处，全国有8000多销售员。他要求：脑白金在终端陈列时，要占据最佳位置。在打造黄金酒时，其营销队伍庞大，号称全国拥有14000人的销售人员，经销商覆盖全国200多个二三级城市和上千个县。正是因为建立了优势通路，并且在每一个独立的市场形成新产品压倒性优势，最快抢滩终端，铺货业绩也一路飙升，大大提高了销售业绩。

进入网络游戏行业后，除了免费，史玉柱做的另一件让业界吃惊的事情就是他将目标对准了农村市场。当时，国内一线城市的人口才几千万，虽然处于金字塔的顶端，但是市场规模有限，而二三线城市聚集了数亿的人口，只要推广得好，市场空间相当大。在史玉柱看来，除了网易在中等城市比较重视地面推广外，其他竞争对手都没有将产品推广偏远的地方。

当时，很多网络游戏公司都不太注重二三线城市市场，这也使史玉柱这个网游行业的后来者找到了突破口。史玉柱称："我不会去主打一线城市，下面的总量要比一线城市大很多。越是偏远地方，竞争就越不激烈。"

很多一线城市的玩家都是在家里玩游戏，史玉柱的地面推广队伍也派不上用场，但是在二三线城市，至少有超过60%的玩家是在网吧里玩网络游戏，如此看来地面推广的效果无疑是相当"可怕"的。

2007年3月，《征途》公司的月运营收入超过1.6亿元，月纯利润超过1.2亿元。以此推算，公司一季度营业收入将超过4.8亿元，每季度纯利润将超过3.6亿元。这就是二三线城市给《征途》带来的回报。

史玉柱认为，网络游戏在县城以及城乡结合区将有爆炸性的增长，今后网游的主战场也不在大城市，而是在县城和城乡结合区。他表示，北京、上海、广州等大城市的网游收入占总收入的3%都不到。如今在中等城市，《征途》已经占有了网吧墙面等80%的战略性资源，而竞争对手只能分享其余的20%，《征途》的优势更加明显。

“农村包围城市”这一战略思想，是史玉柱从脑白金时代到网游领域的又一兵法绝学。对于已有的脑白金营销网络，史玉柱认为网游系统并不能重复使用这个网络，因为业务内容不一样，共用一项网络可能一个都做不好。

智慧透析

史玉柱认为，做好保健品市场，“农村包围城市”思想是必备要素。从营销学的战略思考来说，这就是所谓的“聚焦战略”。

其实在管理中，聚焦战略也有很好的效果。特别是在企业的组织、创新、沟通和计划上，常常有事半功倍之奇效，聚焦战略的应用，主要是在管理各个层次向创新、领导计划中“集中”。

例如在创业中，集中有效的创业资源，是避免失败的有效方式。托马斯·艾森曼说：“应采取最小规模的行动，以最低代价迅速评估风险、测试商业模式的可行性。”在实现阶段目标之前，不占用计划外资源。借用其他公司的资源，将风险转移给承受风险能力更高或意愿更强的盟友。掌握“讲故事”的艺术，向投资人展示，自己的事业能让世界变得更好，乔布斯就是最著名的例子，他特有的“现实扭曲力场”俘获了众多员工、合伙人、投资人，让他们一往无前地跟随他追逐梦想。

团队不合群，内耗严重。同样可以使用集中的手法。如果管理者下面，到处是刺头和不合群分子，甚至有小圈子，那么让他们合作试错，是个常用的方法。这可以提高掌权者的驾驭能力，让内耗消弭。

沟通中存在问题？那么可以每次只对着一个目标进行。大多数的人沟通效果不佳，并不是因为对方不真诚，而是内容太分散，最后偏离了事情和交流的本质。鸡毛蒜皮就是沟通漫无目的的结果。安托尼·杰伊建议：一个好的会议不是个体成员与会议主持者间一系列的对话，而是以讨论和争辩的方式进行的交流，并伴随着主持者偶尔的引导、思考、探查、激励和概括，以求通过讨论产生某种有价值的想法。然而，会议必须是一种想法的论证，而不是人的争辩。如果两个人开始变得激动，那么，主持人应该向对会议中保持中立的成员询问问题来扩大讨论，最适宜的是那种要求一个完全基于事实的答案的问题。

计划太多，那么可以制造各种成本和风险的评估，将负面的因素集中起来，好的计划，才能够被筛选出来。通过评估程序让那些疯狂的计划退出冒险者的决策单。人是促进一切发展的根本。长期以来只有公司的管理层才了解公司的具体经营情况，现在我们需要让员工清楚公司的业务情况。一旦大家了解了公司的境况，我们就能找到愿意积极应对这些挑战的人。

营造平衡的经济体系

几乎每个游戏都会有（通货膨胀），绝大多数游戏都会在通货膨胀上交学费。据我所知，大的游戏，目前控制通货膨胀做得好的，一个是我们，一个是网易的《梦幻西游》。其他游戏，小的我不知道，大的都有通货膨胀问题，物品贬值了，经济体系就崩溃了。

通货膨胀可怕，通货紧缩也可怕。我们的游戏目前没有通货膨胀，也没有通货紧缩。有一周（曾）出现过通货膨胀，我们及时通过宏观调控给调回来了。对经济体系我是蛮自信的，我们的游戏绝对不会（出现）通货膨胀，因为我本人研究生学的就是数理经济，遇到什么问题，几个宏观调控措施就搞过来了。另外，我们目前的设计也很难出现通货膨胀，就是说供求曲线一定要保持平衡。

——史玉柱论游戏系统和通货膨胀的关系

营销策略

严格地说，史玉柱算个经济研究人员。至少在创业前，他还是安徽省统计局的农村调查员，每天所做的都是调研分析一类的基本工作。创业之后，史玉柱的经济才能随着时间的推移被人慢慢遗忘。

曾有人问史玉柱怎么防止外挂对《巨人》的影响。他说，《征途》的一个办法是干脆把外挂的功能做到游戏里，如外挂有自动打怪，《征途》里就可以自动打怪。《巨人》这款游戏要比《征途》还彻底，外挂里能做什么功能，《巨人》干脆都做到游戏里去了。

史玉柱发展网络游戏，收获高额利润，实力大增，但也隐藏着许多问题，其中最主要的是游戏币和游戏中的产品因为没有秩序和约束引发的经济体系问题，遭到社会舆论的一致声讨。

正如现实经济社会中经常出现的波动以及这样那样的危机一样，目前处在发展初期的中国网游行业还比较脆弱。虽然网游的可操作成分比较强，但网游依然会遇到一些难以控制的因素，比如说外挂。网络游戏是一种典型的“用户参与创造内容”的产品，因而在网络中，“人气”就等于“钱气”。

一旦游戏火热起来，“钱气”高涨的时候，就会吸引职业玩家寻找游戏中的BUG（缺陷）来制作外挂，即制造“假钞”，但运营商又不可能区分出玩家手中持有的“货币”是真是假，这和现实社会里中央银行滥发货币，引发通货膨胀没有本质的区别。所以，好程序员开发的程序，必须是个良好的虚拟经济运行系统。

一个平衡的经济体系有利于网络游戏社会的稳定和繁荣。可是目前市场上的网络游戏，大多数经济体系并不平衡，其主要标志就是通货膨胀使游戏货币不断贬值，最后导致游戏货币不能作为一般等价物参与市场流通。

在史玉柱看来，免费游戏是有学问的，要有对经济学的研究，马歇尔、萨缪尔森的经济理论他在大学里就读过，既不能因为时间一长，玩家游戏收入积累得多了造成通货膨胀，也不能通货紧缩，游戏也需要宏观调控，怪物的打爆率、各项服务的收费、税率的多少、货币的整体投放量等都需要统筹规划。

巨人网络的网游经济体系也曾出现过问题。史玉柱表示："我们基本上采取的是一个稳健的措施。我们的游戏从内测开始，就已经有几万玩家在里面玩了，大半年后只发生过一次通货膨胀。我们及时调整，吸取教训，再也没有（发生）过了。"对于那次通货膨胀发生的原因，史玉柱作了详细说明："（通货膨胀）是由于我们推了新功能，过去我们的经济体系是平衡的，没有通货膨胀。新功能是为了照顾一部分玩家，有的玩家太穷了，有下岗的或者一些学生呀，看他们太穷了，我们想给他们增加一定的收入，就增加了一个项目，每个玩家一天可以获得一定的收入。这个收入当时定得太高，相当于这一部分货币供应量一下子加得太大，这是一个失误。运营一个礼拜之后（发现）不对，我们就开始进行调整。"

通过货币的调控，那次通货膨胀圆满解决了。此后，他并没有因此取消那个导致通货膨胀的项目，他说道："不能取消，取消了玩家有意见，适当降一点。降多了也不行，关键是我们增加了货币回收的项目，这样才使经济体系恢复平衡。"

那次通货膨胀对《征途》影响特别大，史玉柱说："尽管只有一周，我们也流失了不少人，大概有六七万人流失。我们的曲线增长还一直很稳地涨，中间这个礼拜掉了，后来过了20多天才恢复过来。"

作为网络游戏的运营商，如何利用手中拥有的经济体系，对整个网络游戏社会进行调控，是游戏能否长期生存的关键。

智慧透析

游戏世界的运行秩序，需要一个程序员的天才系统设计，而一个企业则需要一个合理的管理流程秩序。当管理学变成一门科学，被广泛应用到世界各地时，流程再造和组织的结构梳理就成为管理者必备的课程。

所有成熟的流程，其实都要把握亮点。

一是整体观念。管理的流程，涉及整个企业运行的全部活动，需要从战略、企划、生产、人才、财务、营销等所有部门的职能出发，统一协调，才能发挥系统的力量。很多公司把变革的重担全部压在少数几个人肩上，这常常可能是因为短视或者遗漏关键细节导致了整个企业的运行看上去头重脚轻。因此，在设计时，一定要有相应的平衡机制才能做到完美。

如果企业的整体是偏向中央集权的垂直领导，那就需要特别设计较少的层级，更扁平的管理结构，从而减少沟通反馈的时间和成本。如果企业是分散决策，那么有必要加强财务和人力的约束，防止资源浪费在内耗当中。古人的和谐观，在这种流程的设计中，值得现代人借鉴。

二是一定要使员工全面参与到流程的设计管理和变革中来。只有各个职能部门、工艺流程环节都能积极应对挑战，整个企业才能迸发出巨大的活力。我们可以称其为“组织再造”或“脱胎换骨”。很多公司努力都在寻求这种翻天覆地变革。这需要让员工全面参与各项工作，强化企业的凝聚力和经营重心，向员工灌输心灵法则，塑造员工与众不同的行为方式等。

品牌经营，营销的最高境界

我先找到差异化，我的产品和其他的产品差异在哪儿？产品差异化，创造营销事件，让媒体作为新闻自觉去报道。营销里面有个叫第一法则。你到哈佛去学的时候，他会说一个案例。对美国人来说，谁是第一个飞越大西洋的人？一般都能回答得出来，但是问谁是第二个飞越的，就没人能回答出来了。谁是第三个飞越的？记得了。为什么？第三个是第一个女性飞越，她拥有了一个第一。

——摘自史玉柱营销语录

做产品必须要做第一的品牌，否则很难长久，很难做得好。不做第一就不能真正获得成功。

——史玉柱谈品牌管理

你一定要在你的品牌建设里面，把你的第一给挖出来，猛宣传那一点。

——摘自史玉柱营销语录

营销策略

营销的最高境界是品牌经营。对于多数公司而言，他们在品牌管理上的失败，是由于不能坚持到最后。脑白金的成功，很大程度上就是源于史玉柱坚持对品牌的持续关注。

史玉柱曾说，市场营销中的秘诀就是“第一法则”。的确，生活中人们很难记住第二或者其他品牌。但一定对领先者、第一名的兴趣最大。

事实上，在脑白金进入保健品市场时，保健品排行榜的第一名是太阳神，其次是三株，再次是珍奥核酸。史玉柱进入市场，通过找出对手的弱点，一步步走上第一的位置。也就是说，史玉柱的真实战略，是向第一名看齐。

商学院的大多数人对于史玉柱的品牌管理能力都嗤之以鼻。不少教材甚至定性说，史玉柱的多品牌战略只是为了掩盖当初巨人大厦的失败。客观地说，这并不公正。毕竟在品牌管理上，从来都没有定数。新希望公司可以做完饲料，用同一个品牌做牛奶，而有些公司，如可口可乐和宝洁，却有很多个品牌，甚至大部分的产品功效和特点都是一致的。

事实上，史玉柱对于品牌的管理路径，并非常人所说的只是单纯的多元品牌或者单一品牌，他的品牌策略要比一般公司复杂些。

回顾史玉柱的创业史，人们可以发现，这是两种品牌文化试错的奇特之路。

以巨人大厦失败为界，史玉柱前期推行的是单一的“巨人”品牌。在《计算机世界报》上一炮走红的巨人汉卡，不但让史玉柱偿还了债务，还造就了创业的奇迹。由于刻意向IBM的品牌学习，巨人系列产品，完全是通过同类相关的办法，一种一种快速研发出来。有一段时间，不到300人的巨人公司，竟开发出了200种不同的产品。他们由同一个巨人团队，同一种研发方式，同一种销售方法，在市场上进行推广，并获得消费者的认可。

在20世纪的巨人产品的冲击中，人们甚至会有某种错觉——以为巨人是为了品牌像沃尔玛那样到处是贴牌生产的产品，沃尔玛牌面包、刀叉、儿童用品、甚至沃尔玛枪支。但是，史玉柱的产品其实从来都很少贴牌生产，每一条生产线的设计，产品制造，试销都要经过团队的认可。总的来说，这就像是同一个铁匠铺打造出不同型号的工具，史玉柱就是这个铁匠铺的师傅。

许多人认为史玉柱的失败在于巨人大厦的建设。事实上，史玉柱的巨人大厦品牌战略非常成功。在最初建设大厦之时，正是因为“巨人”这个品牌，史玉柱才能获得旁人无法想象的土地审批使用权。同样是因为“巨人大厦”的名号，香港的楼花才能有一亿的预售规模。

史玉柱本身对于“巨人”这个名词耿耿于怀。从品牌的管理上来说，能够制造如此广泛深刻的品牌影响的标志的例子并不多见。假若那时有无形资产和商誉的评估的话，巨人的品牌价值，可能远在巨人公司的资产规模之上。换言之，史玉柱的巨人品牌的价值，本身是十分成功的，不论从哪一个角度看都是如此。即便是巨人领带和十几个行业的巨人半成品，也都无法回避这点。

巨人大厦的失败，某种程度上与史玉柱的品牌战略变革有关。在转向生物行业的时候，史玉柱放弃了“巨人”这个最有价值的品牌。脑黄金以及后来的脑白金，同巨人品牌都没有血缘关系。尽管他们都十分成功，但就品牌价值来说，无法和巨人相提并论。

脑黄金、脑白金和《征途》系列游戏，这些产品在品牌制造、设计和宣传上，都是完全的事业部管理方式。他们是由不同的团队，采用不同的资源，在不同的目标、情景环境下设计，完全脱离了巨人汉卡以来的方式。正是因为没有利用巨人的品牌，史玉柱不得不建立一支专门的营销团队，重新塑造品牌。

多元化品牌必须采用多种宣传和设计方式营销，才能获得价值。史玉柱后来的多数产品，开始有意无意地在品牌多元化上发展，比如一体化营销方式的复制推广。

就单一品牌来说，要想再度取得巨人大厦时期的规模优势，只有一个办法，那就是尽量将每一个品牌的产品做到最好，即实行精品战略。如果每一个产品都只能做到二流的水准，那么品牌的分散风险功能将无法实现。新品牌越失败，越会寄希望于更多的新品牌，最后就会因为无法抵偿品牌投入成本，造成整个品牌体系的垮塌。

智慧透析

品牌是企业最持久也是最强有力的资产，品牌在企业发展中处于核心战略地位。企业要真正在市场中树立自己的形象和地位，进行品牌营销是最重要的一步。

企业需要在目标顾客心目中为其品牌进行清晰的定位。最强的品牌定位层次不是强调产品属性或者产品利益，而是通过强有力的信仰和价值观进行品牌定位。这些品牌强调一种情感冲击。企业应把品牌同时定位到消费者的思想和精神中去，这样才能打动他们的内心。

通常，企业可以从三个层次上对其品牌进行定位——

最低层次，是通过产品属性来进行品牌定位。比方说，宝洁公司推出的“帮宝适”一次性婴儿纸尿裤，早期的营销重点就集中在吸水性、舒适性和一次性上。一般来说，产品属性是品牌定位最不可取的层次，因为竞争者可以很轻易地加以模仿。更重要的是，从根本上而言，消费者对企业产品的属性本身并不感兴趣，他们更关心的是这些产品属性能为自己带来什么样的利益。

在产品属性之上，企业可以将品牌名称与某种顾客渴求的利益联系起来，进行更好的定位。同样以“帮宝适”为例，帮宝适超越了产品的技术属性，而将重心放在皮肤健康上，“因为我们，全世界婴儿潮湿的屁股更少了”，这样的一句话，显然比单纯的产品属性更能打动消费者。通过强调利益而成功打造出品牌的企业很多，如，以安全著称的“沃尔沃”，以绿色无害著称的“美体小铺”，以“使命必达”为宗旨的“联邦快递”，等等。

比利益更高一层次的，是围绕产品给消费者创造的情感体验来定位品牌。还是拿“帮宝适”的例子来说，这款产品对于父母们而言，并不仅仅意味着防漏和保持干爽，它意味着更多，代表了父母—宝宝的关系还有全面的婴儿护理。宝洁的首席市场官吉姆·斯登戈尔曾说：“回想过去，我们经常在基本利益上思考我们的品牌。现在我们开始近距离地倾听消费者的声音，我们想要成为一种品牌体验，我们想要伴随着孩子的成长和发展来支持父母和孩子。当我们把帮宝适从保持干爽转变为帮助妈妈关注孩子的发展后，我们的婴幼儿护理业务才开始快速增长。”

最强的品牌定位就是要超越产品属性或产品利益，直抵消费者的情感深处，将品牌定位到消费者的思想和精神中区，打动他们的内心。像“星巴克”“维多利亚的秘密”“苹果”等公司，就是这方面的代表，他们是围绕着产品为消费者创造出来的那种惊喜、激情、兴奋来定位的。

此外，作为公司主要的持久性资产，品牌需要被小心管理才不至于贬值。品牌必须不断向前，但是要朝着正确的方向，有新的、令人喜爱的产品及营销方式。那些止步不前的品牌，它们的市场领导地位会不断退缩甚至消失不见。

在管理品牌资产时，企业最重要的是做好两点，一是加强品牌、强化其意义，比如，对产品进行改进，使之更受欢迎，或者发起富有创意的广告战役等；另一个则是发挥现有品牌资产的杠杆力，以收获一些财务利益。总而言之，品牌树立起来了，并非一劳永逸，如果品牌不能得到持续的强化，那最终会削弱品牌意义及形象，甚至让一个本来响当当的品牌逐渐没落。

品牌强化，最重要的不是重金砸广告，而是为顾客创造完美的品牌体验。现在的顾客可以通过广泛的联系接触点来了解某个品牌，这既包括广告，也包括对该品牌的亲身体验、口碑传播、企业网页以及很多其他方式。企业要强化自己的品牌，就必须管理好这每一个接触点。管理好顾客的品牌体验可以说是建立品牌忠诚的最重要的要素，顾客的每一次满意的体验，都能够对品牌起到强化作用。

企业还必须让全体员工都参与到品牌强化这个长远的工程中来，开展内部品牌建设，帮助员工理解企业的品牌承诺并对其保持热情。更进一步，企业还可以培训和鼓励分销商和经销商为顾客提供优质服务。

第十章
集中力量做事

没有人可以无所不能

我的观点是这样的，巨人走下坡路是我的错，我的责任。我如果不走下坡路你这么搞也搞不死我。

可突然休克了，是媒体的错。我本来身体虚弱，你突然一下子把我的鼻子和嘴巴给捂住了，我就休克了。

——摘自《史玉柱：2002年关于巨人失败责任的看法》

营销策略

巨人集团从成立到实质破产，总共不到7年。从巅峰中跌落至谷底，实际只有1年的时间。在同一时代著名的企业中，巨人的大起大落尤其具有代表性。史玉柱的巨人案例，在20世纪90年代后，被迅速写入从北京大学到深圳大学的商学院的教案和案例库中。

巨人集团失败后，史玉柱的人生进入低谷，整体团队北上江浙重新创业。直到2000年，史玉柱才再一次回归到大众眼中。在媒体记者面前，史玉柱逐渐澄清巨人倒塌的诸多细节。事实上，巨人的失败，既不像专家和学者们眼中是个绝好的“失败案例”，也不像媒体炒作得那样不堪。

1995年，史玉柱33岁，《福布斯》中国内地富豪排行榜第八位，被同代的大学生看成“中国的比尔·盖茨”。史玉柱最辉煌的时刻，净资产达到2亿元人民币。

两年后的1997年，他负债2.5亿元人民币，人们嘲笑他为“中国首负”。从“著名的成功者”到“著名的失败者”，只有三年时间。

正如柳传志后来所说，那时候史玉柱“狂妄自信得很”，跟他说什么，他都不听。1995年，史玉柱从三大战役的失败中仓皇退出，之后他越走越远。即便面对自己的老团队成员时，他已经无法听进任何一种试图挽救巨人失败的建议了。

1994年，史玉柱面对巨人业绩的停滞，极力寻找突破。按理说，创业初步成功的企业，在一段时间内，都会有规模稳定的时期，但在史玉柱看来，这似乎是创业的瓶颈期。

为此，史玉柱开始在二次创业这个虚无缥缈的概念上做文章。

经过一番调研和思考后，史玉柱召集所有管理干部和员工，正式提出所谓“二次创业”概念：重新利用创业来激活企业人的创造性激情。在史玉柱看来，整个巨人集团都在失去创业的精神，员工变得麻木懒散，内耗和机会主义的做法越来越频繁。有的职工甚至上班时间打电话——史玉柱盲目认为，这是所谓的职业道德伦理缺乏的后果——美国的企业里就没有这个问题，联想和四通也没有！

史玉柱慷慨陈词：“也就是说我们进入了二次扩张时期。我们把它叫作‘二次创业’，一段时间我思考着这样一个问题，就是为什么许多民营企业发展到一定时候，创业时的激情就消失了，开始了窝里斗，像我们巨人效益好一点，结果吃大锅饭现象比国营企业还厉害，有人不再考虑为企业做贡献，这种情况在1994年上半年非常明显，开始我想从美国企业中找经验来解决这个问题，但失败了。”

然而，当一个人走入迷途的时候，激情和决策越迅速，失败就越彻底。

1994年年底，史玉柱开始用绝对集权的军事化管理方式开始脑黄金销售战役，在1995年1～3月，脑黄金的回款额居然做到了1.9亿元。尽管史玉柱后来承认，这只是多元化的借口，但在当时，他依旧高调对外宣称说："我认为中国计算机产业要从低谷中走出来，必须在中文软件上突破。要按照我们的长处发展，至少要先占领国内的市场，中文软件开发对于组织管理的要求很高，中国管理跟不上，而外国企业却已开始踏足这一领域……只要各个方面推出几个革命性的产品，创造出新的需求，就可将中国计算机产业从低谷中拯救出来。"

后来的真相是，电脑软件业史玉柱败给了本土的金山WPS，后者胜利的原因其实很简单，因为史玉柱其实是把更多的资金放到了其他的产品上。而在保健品的销售成功之后，史玉柱更是彻底开始在多条产业链上遍地开花。他甚至相信自己无所不能。

从1995年下半年开始，史玉柱陆续投资了十几个行业，药品、领带无所不包。

快速的扩张，让保守的史玉柱开始在资金上捉襟见肘，但他仍然不放弃扩张和多元化发展的路子，直到最后投资了更加危险的巨人大厦。于是没过多久，史玉柱便失败了。

智慧透析

科特勒博士说："在企业使命和目标的指导下，管理部门现在可以着手规划企业的业务组合。所谓'业务组合'，是指组成企业的业务和产品的集合。最佳业务组合是指使企业的强项和弱项最好地适应环境所提供的机会的业务组合。"

科特勒说，企业要规划出最佳的业务组合，需要从两方面着手：其一，分析现有业务组合，并决定对哪些业务追加、减少或不进行投资；其二，为业务组合中增添的新产品或业务制定增长战略。企业通过对各项业务进行评估，对赢利的业务追加较多的投资，而对软弱的业务，则要逐步减少投资或者放弃。

通用电气就通过有技巧地规划并管理其业务组合，抛弃了许多业绩不高的业务，如空调、家居用品等，只保留了那些在行业中数一数二的业务，最终成长为世界上规模最大、营利性最好的企业之一。

乔布斯曾说："我们所需的只是四大产品平台，如果我们能够成功构建这些平台的话。我们就能够将A级团队投入到每一个项目中，而不需要使用B级或者C级团队。也就是说我们可以更加迅速地完成任务。这样的组织结构非常流畅、简单，容易看明白，而且责任非常明确。"当其他公司都在追求把产品做全的时候，乔布斯却一直在做着减法，规划苹果的最佳业务组合。

在乔布斯逝世之后，李开复在一次采访中曾经这样说过："乔布斯最狠的地方是他回去苹果之后，砍了公司里杂七杂八的项目，他看到当时的苹果内部非常混乱，于是就非常简单地说：'我们只需要四个产品。'针对不同的用户，用四个产品规划了一个二乘二的矩阵，这是一个经典例子。"

当年乔布斯重返苹果后，他看到的是一家产品种类复杂、庞大的公司，苹果销售的产品大概有40种，涉及从喷墨打印机到Newton掌上电脑等各种产品。所有产品中很少有占领市场主导地位的，而且这些产品中的一类又有多个系列，每个系列又有十几种型号，不同型号产品之间的差别很小，名称让人困惑。乔布斯对此感到不可思议，他说："我看到的是数目繁多的产品。太不可思议了。于是我开始问公司员工，为什么推荐3400而非4400？为什么直接跳到6500，而非7300？三个星期后，我依然无法弄清楚到底是为什么。如果连我都无法弄懂这一点的话，我们的顾客怎么可能弄清楚？"

乔布斯提出："如果苹果公司要生存下去的话，我们就一定要砍掉更多的项目。我们要有焦点，做我们擅长的事。"

他在一次大型产品战略会议上喊道，“这真是疯了。”他抓起记号笔，走向白板，在上面画了一根横线一根竖线，做成一个方形四格表。“这是我们需要的。”他继续说。在两列的顶端，他写上“消费级”和“专业级”。在两行的标题处，他写上“台式”和“便携”。他说，他们的工作就是做四个伟大的产品，每格一个。他开始了大刀阔斧地削减产品线，苹果公司的产品一下子被缩减到了四种。

此后，乔布斯也一直保持着产品规划的聚焦与集中。从他重掌苹果至他因病离任，苹果公司最多也只涉及六大产品：台式电脑、笔记本电脑、显示器、iPod以及iTunes。后来又增加了迷你Mac、iPhone和AppleTV以及一些附件。

在乔布斯看来，太多的公司把摊子铺得太大，它们生产大量产品，以降低风险，最终都流于平庸。而苹果公司的做法是聚焦、简化，把手中所有的资源集中在几样产品上，从而保持A级战斗力，让每一款产品都卓尔不群。

“优胜劣汰”是市场的游戏规则，同样，也是企业在规划其业务组合时的游戏规则。企业资源是有限的，如果什么都想做，反而什么都做不好，更不用说构建企业的核心竞争力。所以，企业必须学会做减法，做规划，摒弃弱项，甩掉包袱，保留强项，并使之更强。

集中用力，一次只做一个产品

10年来我分阶段做了3件事，保健品、投资银行业、网络游戏，成功一件再做一件。

——史玉柱概括自己东山再起之后的历程的讲话

在营销手段的使用上必须有一个重点，必须加大人力、物力、财力，做重点地区，使用重点手段，做深做透。一个企业资金实力再雄厚，也只能在几个重点行业、重点地区、重点产品上下工夫，如果没有重点，平均用力，必然会失败。

——摘自史玉柱营销语录

我经历了那么沉痛的多元化惨败，只能聚焦再聚焦，这样的话失败的概率就会少，这是我的原则。

——史玉柱概括自己东山再起之后的历程的讲话

营销策略

在中国，人们可能不知道史玉柱是谁，但一定知道脑白金是什么。因为很长一段时间，只要打开电视，不管哪个频道，它都在你的眼前、在你耳边进行轰炸。脑白金铺天盖地的电视广告被人斥为“恶俗”，这种产品本身被舆论批评为“无用”。

脑白金刚开始推广时并不顺利，试销不是很成功。后来修正方案，前后折腾了半年，期间遇到了很多困难，但类似于“不行大伙儿散伙算了”这种话，史玉柱从来没说过。其实，当时他也可以选择其他的活路，比如给人搞搞策划、自己写写书等。但是只要他认准的事，他绝不会轻易放弃。

正是看到许多中老年人失眠、肠道不好的迫切需求，脑白金推出了1+1的产品模式：胶囊管睡眠，口服液管肠道。在脑白金销售时担任史玉柱副手的刘伟称“脑白金这个做得很绝”。

在脑白金时代，与史玉柱一起创业的陈奇锐在《追随史玉柱的日子》中写道：“脑白金的营销理论非常简单，那就是‘集中优势兵力’。”史玉柱在产品研发上的思路，也能体现他坚持的这个原则。在总结脑白金发展历程的时候，史玉柱说：

“1999年，脑白金单月销售额已经突破1个亿，但是你看1999年、2000年、2001年，包括2002年的上半年，我连第二个产品都没推，第二个产业都没做。

“对于一个企业来说，在一个时期只能做一个重点产品。有人批评我产品单一，我认为这恰恰是我的优势。2001年，脑白金的销售趋于稳定，我才开始主攻黄金搭档。”

史玉柱将保健品上的策略也运用到网游领域。巨人网络总裁刘伟表示：“巨人网络的发展要实施精品战略。一款网络游戏就是一个社区，在线人数越多，风险越小，同时在线人数达到40万就会很成功。要做到这点，就必须集中资源，聚焦一款产品，巨人网络聚焦的产品一个是《巨人》，另一个就是《征途》。”

虽然史玉柱涉足过很多行业，但他在每一个行业做得都很深。在国内保健品同业的前五位中，基本都拥有10款以上的产品，唯独史玉柱只做一款产品——脑白金，这款产品成功5年之后，史玉柱才做了第二款产品——黄金搭档。说起专注，史玉柱不无感慨地说：“我经历了那么沉痛的多元化惨败，只能聚焦再聚焦，这样的话失败的概率就会少，这是我的原则。”

智慧透析

在麻省理工学院的人类动力学实验室，著名的管理科学家们研究了大量精力旺盛、创造力十足且斗志昂扬的团队，最终发现这些高绩效团队背后的群体动力学。这个研究是按照传统的实验对比方式，采用电子胸卡和数据验证方式进行的。实验实最终得出以下结论：

“良好的沟通对于打造成功团队有至关重要的作用。我们更发现，沟通模式是预测一个团队能否成功最重要的指标，其作用甚至超过其他所有因素

（如团队成员的个人才智、性格、能力以及沟通内容）的总和。”

泰米·金、丹尼尔·奥尔金和本·瓦贝尔对这类分析数据研究后发现，团队成员在正式会议之外表现出的活跃度和参与度是预测团队生产率最有效的两项指标，这两项加在一起能解释各小组间产值差异的1/3。

也就是说，好的团队才能开发出好的产品。在整合了团队和产品两方面的资源后，必将获得1+1＞2的绩效结果。

事实上，大多数情况下，创业企业和普通企业在整合团队和产品上的差异，可能决定他们的成败。一些失败的案例，在这方面功亏一篑。像史玉柱那样，即使到最后一刻，还能有一个稳定的团队，这可能是他没有像多数人一样彻底失败，一蹶不振的原因，所谓“留得青山在，不怕没柴烧”。

发展某个领域里的独一无二

《征途》现在的实力当然没法和日韩竞争，但是我们选的是它们的薄弱环节——2D的写真网游。现在看来，3D游戏并非网络游戏的主流，70%～75%的网游是2D的。我希望把一款2D游戏做到第一，作为超越的开始，同时让其他游戏公司不敢再玩2D。

——史玉柱对2D游戏市场的野心

营销策略

从2D游戏市场切入，做2D游戏的终结者是史玉柱对于市场规则深刻认识的结果。史玉柱认为：“在一个市场没有达到充分竞争之前往往是研发推动市场，研发出什么产品了，那市场上就有什么产品，到市场充分竞争阶段，是市场在推动研发，或者是市场在拉动研发。我想现在已经进入市场拉动研发的阶段。”

史玉柱本来是做保健品营销的，在收入和消费行为的把握上他有独特的优势。在二三线城市和乡镇，史玉柱找到了自己游戏的庞大受众和消费群体，他相信自己对这部分用户有着相当的了解。

在发展方向上，史玉柱也是深谋远虑的。经过充分的调研考察，他发现在当时的市场上，超过100万人在线的游戏都是2D的。研发人员通常年轻，而且强调技术路线，往往认为只做3D，不做2D，做2D就会跟市场产生矛盾。“我认为未来的趋势是以3D的市场为主，但是此时此刻还是以2D为主。我们刚准备进网络游戏领域时，2006年我们定的是2D，2007年（也是）2D，2008年我们推3D，我们现在也是这么做的。我感觉这样基本上可以跟市场的发展趋势相吻合。比如说3D，实际上3D的游戏我们开发进度已经超过了2.5D。但是我们不能推，我们认为现在还不是时候，可能明年，甚至是后年，3D市场才会比较成熟。”

即便是面对《魔兽世界》的3D游戏，史玉柱也认为，对于普通的大众来说，如果没有钱购买性能较高的显卡，3D游戏的画面感逼真的特点，基本上是无法征服多数人的，普通大众需要的是动作清楚和音效逼真的2D游戏。正如他所说：“《征途》正是我们几十个人的团队，用一年多时间制作出来的。音效也是特别从好莱坞音效库里购买的，不得不说好莱坞在音效方面还是处于绝对领先水平——马蹄不管是踏在沼泽里还是踏在石头上，包括马蹄上的水珠从上往下滴的声音，都制作得十分逼真。”

事实证明，史玉柱当初选择进入2D游戏市场是明智的。依靠《征途》，他成为网游世界中的一匹黑马。

史玉柱看到，很多普通2D游戏运营商其实都是小打小闹，缺乏流动资金，根本不足以和巨人的规模优势比拼。通过规模优势，扫灭群雄的计划，在《征途》游戏还未公测时，就已经被确立下来。

在内测和公测期间，《征途》也算得上中国调整最频繁的游戏之一了。玩家称，几乎一两天就要修改一次设置，商家不厌其烦，玩家不胜其烦。这样频繁修改的目的，正是要达到史玉柱的“理想”状态。尽管他频频推出照顾弱势玩家的措施，但仍然被很多玩家骂，正如当年在《传奇》中，“陈天桥”这个名字所遭遇到的一样。

财富的积累，免不了要承受些骂名。史玉柱虽然在网游行业取得了不俗的成绩，但是要想吸引到几乎所有的中国2D类游戏玩家，占据这个细分市场的绝对份额，要想达到他定下的100万人同时在线的目标，显然还得依靠《征途》游戏取得胜利的法宝——聚集人气。

智慧透析

管理大师迈克尔·波特说：“作为一个公司必须去了解我们在哪个领域是最有特点，最独一无二的。有时可以通过找到对公司而言利润最大的客户来发现这一点，或者说哪一个产品为你提供了最大的利润。这样就可以利用这些线索判断公司在哪个领域做得最好，能力最大。当理解这一点之后，就开始转移工作的重点，将你的注意力转到那个领域，真正发展你在这个领域的独一无二性。”

在市场上寻找到企业发展的良机和领域，其实最简单的办法就是找寻自己的特点，真正让自己发挥独一无二的优势，也只有在这种情况下才可能占据最大的市场份额，获得最高的利润。

一个企业的核心竞争力，经常不是源于自己的产品做得有多么优秀，而是让自己最擅长的地方变得不可替代。大部分在市场上有着垄断性优势的公司，都能将自己最擅长的方面发挥得淋漓尽致。

抵制诱惑，稳定是基础

2011年前我胆子确实很大，但今年45岁了，从那次摔跤之后一直没什么冲劲。现在像我们企业这种规模的，哪个（企业）不是到处投资。我认识几十个朋友，都在（到处）投资。我近（几）年一直反对多元化，这说明我胆小。我有个企业家朋友圈子评（谁的）胆子最小，我是第一名。

——摘自《史玉柱：2007年回应自己的投资诱惑难题》

营销策略

“宁可错过100个机会，不可投错一个项目。企业家最大的挑战在于是否能抵挡诱惑。过去10年，我抵挡住了诱惑。失败是我与团队最大的财富，现在做什么都拿那段惨不忍睹的历史作比较，反复考虑会不会失败，失败了怎么办？危机感足了失败机会反而小了。”现在的史玉柱终于可以底气十足地说这样的话。

巨人上市后，45岁的史玉柱表示要坚守网游。1989年，史玉柱当时正热衷于玩一款叫作《挖金子》的电脑小游戏。自从接触到网络游戏，史玉柱就隐约感觉到，这会是自己一生的爱好，也是自己的下一个机会。史玉柱曾说：“我也是40多岁的人，该为自己找个归宿了，我下半辈子的归宿就是网络游戏。”

史玉柱这次谨慎起来，不再轻易投资。经历太多风雨的史玉柱学会了反思，开始认真地进行自我批评。“如果10年前把现在的公司给我管，3年内肯定弄得轰轰烈烈，但5年内必定倒闭。”这样的话在别人说来有些可笑，但从史玉柱嘴里说出来充满了哲理。

20年前借钱打广告，10年前带着几个年轻人就想要“打遍天下”，如今的史玉柱已经成熟多了。保健品市场少了一个“狂人”史玉柱，网游市场上多了一个成熟的史玉柱。2008年《福布斯》全球互联网富豪排行榜中，史玉柱以28亿美元的身价列第7位，《福布斯》称他是“最富有的上海居民”。一本英文杂志评论说：“史玉柱最大的本事是‘销售一些本不值钱的玩意儿，同时挣得盆钵满盈。’”

巨人网络在美国纽约交易所敲响上市钟声，成功挂牌上市，发行价为15.5美元，融资8.87亿美元，当日开盘价18.25美元，超过发行价17.7%。在接受记者采访时，有人问道：“做网游，您是因为自己的爱好，还是出于赢利的目的？”史玉柱很坦然地回答：“我认为这两个都有。首先是爱好，我是个合格的玩家，我认为，这使我在网络游戏上犯错误的概率要小一些。另外，网络游戏又是网络产业里面最赚钱的、最容易管理、没有烂账的。这两个原因同时决定了我进入这里面。”

史玉柱分析说：“网游是个朝阳产业。2005年网游行业的销售收入比上一年上升50％，任何一个行业如果每年有15％的速度增长，它就是朝阳产业了；上升50%，说明这个行业处于爆炸性增长过程中。”史玉柱看到了这点，虽然互联网现在的应用范围越来越广，但在互联网所有领域之中商业模式最成功、最清晰的仍然是网络游戏。

史玉柱的判断得到了行业数据的支持：中国网络游戏用户数在2005年年底达到2634万，比2004年增长了30.1%。网游用户数在2006—2010年的年复合增长率达到13.7%，远比互联网用户数增长率高。付费网络游戏用户数2005年达到1351万，2006—2010年付费网络游戏用户数的年复合增长率达到14.4%，与总的网络游戏用户数增长率相近。

另外，巨人集团失败的教训并没有让史玉柱改变对贷款的看法，他表示：“主营业务一定不能用银行贷款，否则压力会比较大，心里会不踏实。比如，保健品和网络游戏，它们需要的是长线投资，我们用的都是自有资金。如果真要贷款，对我来说也很容易，我的抵押物很硬，有22个亿。”“我在财务上比较保守，举债控制在10%以内是绿灯；20%是黄灯；30%是红灯，绝对不能碰的。我们现在就差不多是15%左右。”“我不会乱投资，投错一个项目就可能致命，只会做一些战略储备、短线投资。中海集团在香港上市时我做了两亿多的战略投资，上市第二天就亏损5000万元，（当然）现在是赚了。李嘉诚是投得最多的，我亏损5000万元的时候，香港报纸说李嘉诚亏了两亿。眼下我是啥也不投了。”

经历过寒冬的史玉柱，非常珍惜春天的温暖。后来在做项目时，他都会先假设这个项目遭遇了失败，有了这样的心理准备，就会考虑得更全面、更仔细，风险也会小很多。他认为：“做任何项目都要有失败的打算。做一个项目，负面因素考虑得越多，消极的因素考虑得越多，往往对这个项目越有好处。在投资之前，想得越浪漫，越是考虑这个项目可以赚多少多少钱，失败率就越高了。”

智慧透析

高速发展是企业追求的目标，但是生存是前提，稳定是基础。一栋建在沙滩上的房子，再华丽、再宏伟，建得速度再快，终究会坍塌。企业的发展，同样要量力而行，不能在根基不稳的时候盲目冒进，否则最终酿成大错，前功尽弃。

史玉柱曾经说：“自己对于账单上的数字已经麻木了。”换言之，这位亿万富翁可能真的在数字问题上已经和早先的重视量化，严格绩效成本管理的做法告别。

巨人集团做项目都是先假设这个项目是失败的，“比如网游，假如我现在失败了，我首先要考虑财务状况，我能不能支持住；然后看哪几点可能导致失败。比如，第一点我的产品不好，第二点我的人员有可能流失等，罗列了十几点，然后我再看这十几点，一一想办法解决。这么一轮下来，实际上这个项目的风险反而下降了，如果只是因为看盛大赚很多钱、网易赚很多钱就仓促决定投资，往往考虑得就不那么深入，最终导致失败。”

商学院的教科书告诉人们数种常用的项目风险评估工具，目的是降低决策风险，减少运营成本上的失误。比如常见的分析数据方法，如随机数拟合、净现值法、成本效益分析等。不过，这些方法，除去作为首席财务官的冰冷数据外，常常与决策执行有不小的距离。善用数据、把控风险，成为一个难题。在数据和项目评估时，有些问题还是需要特别小心的：

1. 防数据误用

企业应谨防三类常见的数据误用：

（1）拥有实时数据并不意味着你能够或应该做出实时决定，不同数据有不同的时间尺度。例如，收银机反映的是当时的销售额，但供应链数据只能反映上次下单或上次订单的运输派车。你的决策速度只能取决于最慢的因素。

（2）分析理论能帮助你优化企业流程。企业流程不能过度优化，高度优化的流程、是非常脆弱的，因为可能出现你无法控制的局面，而你的犯错余地为零。

（3）不要做无谓的决定。有好的数据，不一定非要做什么决策。

2. 解读海量数据

大数据时代，需要的是整合与自己有关的数据。当一家公司出现问题时，我们更多地听到公司回应以“我本该知道”，而不是“我不知道”或“我不可能早就知道”。警惕管理层的“过拟合”倾向。数据搜集是有代价的，不行动也是有代价的，不要苦等不存在的数据。

定性不定量，把每件事做好

我后来发现定很高的目标是很可怕的，必然会违背经济规律，会让自己浮躁，让企业“大跃进”。回过头想想，巨人那几年确实乱得很。现在就没有那么大的口号了，目标就是把能够影响结果的每件事情做到最扎实、最透，把最下面的事情做到最好，公司不定定量的指标，把工作做到最好就行，从过去这两个公司的成功来看，这样的方法的确是最有效的，结果往往（也）最好。

巨人现在不给自己定战略目标，我觉得制定目标对企业反而是件坏事。因为定了长远的目标就要不断分解到每年的任务上，如果定得不高无所谓，而太高则会打乱原先的计划，形成欲速则不达的局面。战略上不考虑，但在战术上每件事都要做好，比如投入产出比，我们追求的是最大化。企业发展能做多大就多大，听天由命，不必强求。

——史玉柱谈巨人新管理思想

营销策略

“1997年对我来说是一个转折点。”史玉柱说道。在那之前，史玉柱看上去像一个数学系毕业生，在摆弄他的公式，自己定一个量化的目标，然后再分解成每月每周每天。

1997年前史玉柱认为：企业有几种，一是安定的，二是追求眼前利润的，三是追求长期利润的，四是（既）追求长期利润（又追求）社会效益和规模效应，第四种企业是三者相互推动，社会效益和经济效益存在着必然的联系。

他要做的就是第四种企业。为此，史玉柱制订了一个“百亿计划”：要求1996年产值达到50个亿，1997年完成100个亿，一年一大步，一年上一个新台阶。在当时的史玉柱看来，这并不是不切实际的目标，他相信只要自己充分发挥管理的推进器作用就完全可以做到。

1995年，史玉柱启动“三级火箭”，把12种保健品、10种药品、十几款软件一起推向市场，投放广告1个亿，提出要超过首钢和宝钢。

“三级火箭”实施步骤的量化标准规定：

第一级：巨人集团第一年的发展规划。以巨人脑黄金进行市场测试，并进行队伍的培训和锻炼。目标销售收入50亿元。

第二级：巨人集团将形成规模化的发展水平。这个阶段的任务主要在于产品规模和市场营销规模的双重扩大。保健品的产品规模要做到类似世界500强、日化品巨头宝洁那样，拥有大而全的事业部。目标销售收入100亿元。

第三级：实现“没有工厂的实业，没有店铺的商业”，要进入连锁经营领域、资源领域。

在实际运作中，史玉柱把原计划时间6年压缩到3年；在实施步骤上，把三步当成两步走。实际直到2009年上市前，如果不算股市的账面浮盈，巨人总体规模也不到200亿。靠数字强迫量化的目标，就是如此脱离实际。

史玉柱现在的原则是：定性而不定量。将一个目标分解成很多决定性因素，一件一件地去解决。他说：“把每件事做好。比如网游，影响网游这个项目能不能成功的因素，我分析了（有以下）十几个环节，从策划、研发、美术、运营、售后服务、分公司建设、管理、对外宣传，我的目标是把所有环节都做到极致。”

对于部下的要求，他不再是数字的强迫症，而是强调具体的执行力。跟柳传志交流的结果使史玉柱意识到高目标经常只能带来低产出，会让一级一级的员工在数字游戏中欺骗下去。既然如此，还不如从部下的执行力本身出发，制定合乎能力和实际的目标。

史玉柱在公开场合说："在我眼里，他（马云）是一个战略家，我是一个能具体干事的人。比如在互联网方面，他能看到未来5年，而且看得很准，我最多能看一年，这个差距就来了。因为除了网络游戏及网络社区这一块，我没有计划去投资，所以不需要去深入研究它。但是我想知道一些大概的发展方向。所以这个时候，我就直接去问他了。问他之后我就知道个大概结果。"

这样的话也许是出于谦虚，实际在巨人集团内部，甚至整个游戏产业，能够像史玉柱这样有着清晰的战略，部下又有着高度发达的战术执行、流程能力发达的团队少之又少。

智慧透析

史玉柱曾经介绍自己的团队说，团队里的人都不善言辞，技术人员都专注于流程和产品，而他自己只负责提供点子和想法。实际上，史玉柱的管理方式代表了一种创业团队的常见模式，即领导者提供指导和管理，其他人负责高效执行的良性创业团队。这是一种团队分工协作条件的胜利。

管理者的职能

所谓管理者的管理活动，就是战略和通过组织或者团队执行两个层次的循环。所以，当史玉柱只负责计划和战略性的思考时，大部分的管理活动都会被部下在团队内部有效地分解、控制，最终达到目标。

一个好的管理者，通常也是最清晰的表达战略能手，能够讲清自己需要什么，在想什么。

现在回过头来想想，我觉得我人生中最宝贵的财富就是那段永远也无法忘记的刻骨铭心的经历。段永基有句话说得特别好，他说成功经验的总结多数是扭曲的，失败教训的总结才是正确的。

——摘自《史玉柱：2001年第一次在公开场合答记者问》

营销策略

在史玉柱看来，自己卷土重来之前，1997—2001年的再创业的日子里，联想集团的运作模式对他的启悟最大。短短三年的时间，史玉柱凭借脑白金积累了上亿的“财富”。新闻焦点的惯性，迫使史玉柱不得不 “露面澄清”。脑白金成为了史玉柱从头再来的经典之作。

2001年，有人质疑史玉柱上亿的钱有问题，“你的钱肯定是骗来的，或者是走私。”这种情形下，史玉柱只好辟谣：“没办法，我只好出来，认可脑白金的事情。我可以告诉新闻界的朋友，2000年脑白金上缴税收1.04亿元，在上海徐汇区纳税额位列前茅。”

1998年史玉柱率领骨干成员悄然来到江阴。在江阴花10万元广告费宣传脑白金，很快产生了轰动，影响扩散到无锡。史玉柱甚至时常以技术员的身份和居委会老头、老太太聊天，赠服脑白金，过一段时间再询问疗效情况。

史玉柱满怀激情地对下属们说：“行了，我们有戏了，这个产品一年至少可以上10个亿的销售额。”此后，史玉柱和团队用手提包做办公室，硬座火车代步，跑遍了江苏、吉林、常熟、宁波、杭州。1999年7月，史玉柱的另外一个巨人集团诞生了。

所谓“新巨人”就是上海健特生物科技有限公司。史玉柱在这个新公司的公开身份是“策划总监”。从柳传志的联想集团那里，史玉柱学来了外包生产、渠道分销两个绝活。

史玉柱创造性地利用机会，将一度陷入困境的某大型制药厂的过剩产能有效利用起来。而之前的很长一段时间，史玉柱对于产品和销售都极其保守，甚至建立完全与外界隔离的产品线、资金管理模式。如今，在脑白金的生产上，史玉柱吸取失败教训，全部转型。过去，史玉柱因代理和子公司的账务清算问题，曾经采用高度的集权方式，现在开始变成了对产业链和供货商的管理方式。

在史玉柱看来，这一段时间的历练对团队和他个人都至关重要："第一个是我这些年经受的挫折和教训，这是我最宝贵的财富；第二个是这个能和我一起去拼杀的团队。我身边的几个骨干，在最困难的日子里，好几年没发工资，可他们一直跟着我，我永远感谢他们。"

智慧透析

"管理之父"德鲁克说："只有偏执狂才能真正成就大事，其他的人，或许生活多姿多彩，却白白浪费青春。要有成就，必得在使命感的驱使下从一而终，把精力专注在一件事上。那些有着很多兴趣，而没有单一使命的人一定会失败，且对这个世界一点影响力都没有。"

直到巨人网络成立，人们才发现他，非但脑白金这个创业的"香饽饽"是史玉柱坚持的，而且他并没有彻底放弃自己的老本行——计算机软件。此时史玉柱杀了个回马枪，40多岁的他依然认为自己斗志不减当年："现在我对网游很感兴趣，如果需要关我100天，我也心甘情愿。"

史玉柱谈起巨人精神总是如此说来："'巨人神话'的核心是一种精神，是一群年轻人执著地追求自己选择的事业并为这种追求不顾一切拼搏的精神，是追逐太阳的精神。"这种精神的最大体现，就是巨人第一次失败后，带给史玉柱整个团队，乃至整个巨人公司的一种精神财富。这种财富是靠血的代价和挫折换来的。整个第二次创业，就是一次学习教训，运用勇气，坚持巨人精神的历程。他的团队变成了专注与单一目标的巨人团队。

对于一个有着坚定的创业精神的团队来说，每一次头破血流的教训，都是不可多得的财富。专心、专注乃是管理有效性的秘诀，是身为知识员工必修的课程，也是创业团队的难题。

第十一章
将渠道做深做透

将渠道做深做透

不要怀疑我们的持续烧钱能力。为《征途》项目，我准备了两个亿，在行业内，我们的资本充足率排第二。

我计划用两年的时间，建成一个庞大的地面推广网络。目前我们已经在82个城市建立了长期办事处，利用现在的这些办事处，逐渐辐射和带动周围网络的形成，我们的目标是建上千个这样的办事处，到2007年年底初步建立起中国网游最大的营销网络。

——2006年史玉柱开发《征途》游戏时，坦然面对外界对其资金的质疑

营销策略

网络游戏在史玉柱的单子上，同烧钱的其他行动，比如保健品广告推送，并无差别。2006年，史玉柱毫无嫁接痕迹地将脑白金的营销手法复制到网游中。到了2007年8月，史玉柱说，3年内营销队伍要扩充到两万人，并表示《征途》网络的营销渠道要进行大规模扩张，目的是“将渠道做深做透”，以抢占日益增长的二三级城市的网络游戏市场。2007年，《征途》网络营销队伍已经有2000多人的规模，而且以每个月近300人的速

度增加。

史玉柱说，他们做脑白金的时候，最擅长的是做报纸电视的广告，但玩网络游戏的人往往是不看报纸不看电视的，用得上的是地面推广。由于做脑白金时使用了铺天盖地的电视广告和平面媒体广告，在进行网游宣传的资金预算时，他原本也有电视广告的计划，《征途》也打算复制“空军加陆军”的模式，不过网游毕竟是个敏感的行业，为了避免公众非议，电视广告最终没有铺天盖地展开。

此路不通，另寻他途。史玉柱表示：“《征途》没有什么广告。我个人喜欢做广告，如果中央电视台允许做，我一定会在上面做《征途》的广告，但法规不允许。所以，我们就死心塌地做地面推广。”

事实上，《巨人》和《征途》两款游戏都曾做过广告，比如“《征途》网络，网络《征途》”，“巨人网络，网络巨人”这样简洁的广告词就在电视上出现过。此外，他还在网游领域贯彻了“脑白金思路”中的“绕开一线城市，发展二三线城市，农村包围城市”的思路。

正是借用脑白金时代的二三级城市的营销渠道，史玉柱一年内建立了一个2000多人的网游营销队伍，在全国设立了1800个分支机构，并通过总部、省、市三级队伍，为渠道的执行力加上了保险。

史玉柱说：“凡是那些已经觉得‘脑白金’没挑战性的干部，都让我派到网游公司去了。”他认为经过一段时间的试验，成立分支机构对于网游的拓展作用非常大，“有没有腿不一样”。对于网游和保健品终端的区别，史玉柱认为，《征途》这个终端销售网络和脑白金非常类似。脑白金有终端的规范，同样，《征途》也有自己的规范，但管理是一模一样的，没有任何区别。不同的是，这个销售网络重点是网吧，核心的工作是与网吧网管进行沟通，通过他们影响玩家，这样玩家在游戏中遇到问题也可以通过他们解决。这是个细活、慢活，每天能够带来成百上千的增长。

在网吧推广方面，史玉柱有自己的一套办法，他认为去安装客户端，把游戏安装上去，要和网吧管理员建立联系，进行宣传，只有教会网管，才能教会玩家。

推广人员的工作大概有五六项。除了教网管玩游戏，更大的动作还在后头。作为推广的一种手段，《征途》网络的庞大营销队伍还会在全国各地开展各种活动以推广旗下网络游戏产品。“我们会定期在周末包下全国各地5万家网吧让玩家来玩。”史玉柱称，在包场当天，这些网吧只能提供《征途》一款游戏供玩家玩。

史玉柱把网吧老板称为“软终端”，他们对于网络游戏的推广作用非常大。网吧老板还可以分享销售《征途》点卡10%的折扣。史玉柱这样做的结果，不仅提高了公司的收入，还打击了竞争对手。

通过复制脑白金模式的一系列动作，截至2007年8月31日，《征途》形成了200多家经销商组成的经销网络，史玉柱骄傲地说：“覆盖超过11.65万家零售店，包括国内各地的网吧、软件商店、超市、书店、报亭以及便利店。”他曾表示：只要需要，我们可以一夜之间在全国5万个网吧刊登《征途》网络的广告。

尽管自己的营销取得了很大的成绩，但是对于整个行业，史玉柱依然尖锐地指出其他网游公司对地面推广的疏忽，并称“网游的营销方式是国内所有产业中最落后的，这个行业的人不注重消费者研究。”

智慧透析

原盛大副总裁朱威廉说：“以前的游戏发行商往往要依赖省级代理，因此对地区的控制很差，顶多就是陪着省级代理下去踩踩点，史玉柱团队绕开省级代理，这不仅可以降低代理商之间的串货，也让他在推广时的优势更明显。”当竞争对手的工作人员开始在二三线城市的网吧中出现时，《征途》已经将那些市场做得非常完善了；《征途》在成为全球第三款同时在线人数超过100万的网络游戏时，史玉柱也因此有了滚滚财源。

有些商业模式的规则，经常是嫁接和迁移的偶然结果。像史玉柱这样，有意识迁移的行为，则属于较高水平的创新。通常这类偶然性的成功迁移，往往会带来革命性的技术后果，在管理上形成一种制度上的演进。

迁移和复制的手法，对于中国本土企业家来说，并不陌生。大多数被认为是山寨的中国商业模式，是一种地域和文化背景的产品迁移。比如互联网大量的中国式创新实体，像网站模仿雅虎、谷歌、Facebook，出现了百度、搜狐、新浪、网易，也出现了360这样的公司，还出现了微博和博客。

从战略的策略成本角度来说，迁移和复制的成本是最低的，在管理上甚至完全可以用事业部制度，完美地复制各类品牌的销售活动，也能够在不同类的供应商选择上用经验和团队的管理优势达到目标。

当然，这种迁移也是需要一定条件的。最主要的是，两者经济活动的资金及需求的产业链形式应该是类似的。显然在游戏行业里，贸然使用推销保健品的模式，只能是失败的。前者不需要广告费的巨额支出，而是需要更熟练的人际关系协调能力和公关力量。

真正的市场在下面

网游和保健品一样，真正的最大市场是在下面，不是在上面。中国的市场是金字塔形的，塔尖部分就是北京、上海、广州这些城市，中间是大的城市，南京、武汉、无锡等。越往下越大，中国真正的最大网游市场就在农村，农村玩网游的人数比县城以上加起来的要多得多。

——史玉柱的金字塔营销理论

营销策略

当有人问史玉柱，《征途》和脑白金面对的人群是否一样时，他的回答出乎人们的意料："网游和保健品一样，真正的最大市场是在下面，不是在上面。中国的市场是金字塔形的，塔尖部分就是北京、上海、广州这些城市，中间是大的城市，南京、武汉、无锡等。越往下越大，中国真正的最大网游市场就在农村，农村玩网游的人数比县城以上加起来的要多得多。"

在金字塔营销理论的指导下，史玉柱自然而然想到了"倒做渠道"的模式，脑白金几年来销售额达100多亿元，但坏账金额仍为零。而在保健品行业，坏账10%可以算是优秀企业，20%也属于正常。事实上，这种创新模式不但解决了回款问题，也成为后来国内市场营销行业争相效仿的销售宝典。

在史玉柱1995年进军保健品市场推出脑黄金之前，三株公司创办者吴炳新已经把8亿农民作为中国保健品市场的重心，运用的方法则是发动"人民战争"，组织几十万营销大军上山下乡。那时候，三株已经创造了神话，连农民的厕所墙壁上都刷有三株的广告。

三株公司推出的"三株口服液"，属于消化道口服液类的营养保健产品，该公司发现农村人口消化道发病率比城市的发病率要高，并且居于各类疾病榜首，况且农村人口基数大，因此三株把目标市场定位在农村，并宣布要"以农村包围城市"。当时农村市场竞争相对较弱，外部环境相对宽松，这也给三株进军农村市场提供了良好的条件。后来三株公司的确取得了斐然的成绩，证明其集中优势兵力，专攻农村市场的策略具有超前的战略眼光。

1997年，史玉柱曾专门到三株去找吴炳新拜师学艺。之后，史玉柱为脑白金的市场推广制定了"从小城市出发，进入中型城市，然后挺进大城市，从而走向全国"的战略。这是"农村包围城市"又一个新的版本。

实际上，吴炳新看到了中国农村的庞大市场，农村就是其市场开拓的目的，他并不是把农村当作夺取城市的手段；而史玉柱并不把农民的消费当作主要依靠，他的目的在大城市，但他只有区区50万元启动资金，无法直接“攻入”大城市，所以只好从中心城市上海边缘的小城镇江阴入手。由此可见，史玉柱与吴炳新的“农村包围城市”有着本质的不同。

史玉柱说，“像保健品，你看上海，到一般的商场往往有两三百种，到县城去一般只有五六种，到镇里去就只有两三种了，在那样的地方竞争不激烈。而真到了攻入大城市的时刻，却要通过宣传造势进行。”

到1999年6月30日，脑白金在江阴市场已经牢牢站稳脚跟。这时，史玉柱充分发挥宣传攻势，在上海展览中心举办免费赠送活动。当时，活动中间出现骚乱场景，史玉柱当然不会错过这一宣传的绝佳机会，他有效利用这次骚乱来宣传产品的畅销和企业的公德心。为此，脑白金还郑重其事地在媒体上公开发表了一封致歉信：

对不起！钟爱脑白金的市民，我们绝不让失误延续。

在脑白金进入上海市场的半年之际，为回报广大市民的关心和支持，我们策划和组织了6月13日“脑白金千人赠送，万人咨询”活动。

由于低估了市民对脑白金的热忱，面对数以万计市民的现场，我们仅有的40余名维护秩序人员手足无措，加之烈日的炙烤，最终导致现场失控，护栏被挤倒，保安冲散，十余人挤丢鞋子，用于赠送的脑白金被哄抢，甚至出现近十人受伤（皮外伤）的悲剧。

这是我们最为心痛和始料不及的，我们心痛那些从清晨5点30分开始排队的市民，我们心痛早晨7点时近千人井然有序的队伍，队伍中大多数人服用过脑白金，因效果显著已成为我们忠诚的朋友，原本他们都可以高高兴兴地领到一盒脑白金，感受脑白金改善睡眠与润肠通便的奇效。

心痛之余，我们仍然要感谢许许多多理智的市民和闻讯赶来的静安寺公安同志，是你们及时制止了混乱，提出许多忠告和建议。在此，我们再次表示诚挚的谢意，向你们道一声：“辛苦了，谢谢您！”

事件发生后，我们妥善登记安置了近十名受伤者，并在当天晚上致电每一位受伤市民，预约了登门问候慰问的时间。我们带去了一个疗程的脑白金和慰问品，这是我们的一份心意，同时我们还要感谢你们的仁义和宽厚。

为了免除钟爱脑白金市民的又一次奔波之苦，我们将拨出万余元专款，用于请快递公司将脑白金专程为您送上门，以此感谢大家对我们的信任与支持。

这篇别出心裁的文章一刊登，反响非常强烈。这种形式在哪里出现，哪里就会引起讨论高潮，脑白金在哪里就会引起轰动。此后，逢年过节，脑白金进入旺销期，一些销售点会出现断档，有时也会出现老百姓抢购脑白金的疯狂场景。此时史玉柱的脑白金公司会以新闻追踪的形式报道市场的脱销与厂家加班加点生产的热闹景象，类似的宣传每次都会收到极好的效果，为抢购狂潮锦上添花。

智慧透析

“倒做渠道”是区域代理和区域蚕食相结合的产物，它针对一些居民比较集中的城市，划分一个区域，集中力量做渠道，做成后再转入下一个市场，采用的是打一枪换一个地方的游击形式。它的最终理想模式是在一个城市建立一个可控的金字塔式的短渠道的分销网络，从而建立一个稳固的销售基础。

另外，“倒做渠道”在区域市场成熟后必须选择一家符合条件的经销商作为区域代理，因为“倒做渠道”的区域内人口比较分散或者市场环境比较复杂，维持市场的成本比较高，不如转给经销商。将渠道交给经销商，厂家不会丧失对零售渠道的控制能力，同时还抑制了经销商的反控能力，对市场始终占有主动权。

基于以上特征，史玉柱在经营过程中规定：

原则上小型城市选一家经销商，但经销商一定要信誉好，在当地有固定的销售网络，是该地区最有实力和影响力的人物，与政府方面（工商、技监、防疫站等）的关系好。

经销商负责固定地区脑白金产品的销售，不得冲货，不得越区域销售，避免引发同类产品恶性竞争。销售价格必须统一且稳定，同时必须回款及时。

对于可能发生的不良行为，史玉柱责令：不允许个人以任何名义与经销商签订合同，否则视为欺诈行为。同时，所有办事处要把代表处的经销商合同及有关资料传回子公司审批，合同原件一定要寄回总部。这一套监督体系和制度使得各地经销商都能严格执行脑白金的各种策略，保证分销渠道的畅通和稳定。

营造氛围，强力渗透

做广告，就是在走钢丝。与其停停留留、犹犹豫豫，不如鼓足勇气一走到底。实际上，广告投入到一个时候，它才会有一个飞跃，前面都是量的积累的过程，销量的增长不会太大，可一旦突破一个临界点，（产品）销量会突飞猛进地涨。有很多做保健品的还有其他行业的企业，投广告的时候蜻蜓点水，这样做实际上风险最大，是在浪费钱。

——史玉柱谈广告的效果

营销策略

很多人对脑白金的广告轰炸不屑一顾，只有真正对脑白金有研究的人才知道史玉柱为什么那么做。对于脑白金这样的品牌，如果不能保持第一的位置，就会迅速衰退。也许广告轰炸的代价很大，但是不那么做代价会更大。

面对那些曾名噪一时的企业纷纷倒闭的现状，虽然史玉柱认为那些企业是因为太过于依赖广告才导致失败的，但他却依然坚持着广告轰炸。他认为：做广告，就是在走钢丝。与其停停留留、犹犹豫豫，不如鼓足勇气走到底。

保健品推广广告不是万能的，但没有广告是万万不能的。对此，史玉柱作了详细解释：

实际上，广告投入到一定时候，它才会有一个飞跃，前面都是量的积累，销量的增长不会太大，可一旦突破一个临界点，（产品）销量会突飞猛进地涨。有很多做保健品的还有其他行业的企业，投广告的时候蜻蜓点水，这样做实际上风险最大，是在浪费钱。

脑白金上市之初，并没有如后来那样投入大量的广告，当然最重要的是史玉柱那时候没有足够的资金。但1999年前后，在写字楼和城市的路牌广告上，我们依然可以看到字体巨大的“脑白金”三个字，史玉柱就这样以较低的投入和无孔不入的方式使“脑白金”强力渗透，完成了产品的大规模铺市工作。

在广告投放方式上，史玉柱采用脉冲式的策略：每年只集中在春节和中秋节这两段时间投放广告。2月至9月初，广告量很小。从中秋节倒推10天，从春节倒推20天是广告密度最大的时间段，共30天。据统计，春节高峰期脑白金广告在20多家电视台同时播出，平均每台每天要播出两分多钟，一天大概播出40多分钟，并且脑白金的销量从1998年至今有增无减。从这一层面来说，脑白金的广告是成功的。

早在1994年10月18日，巨人脑黄金在华东地区的上海、江苏、浙江和安徽同时展开试销时，史玉柱超人的广告嗅觉就充分展现了出来。当时，华东是国内保健品消费最具规模和最能够成就名利的市场，也是商家必争之地。脑黄金要打入市场，首先要对付的就是来自北京的同类产品——多灵多。面对多灵多投入的100万元广告费，史玉柱将这个数字翻了番，他把广告费用投入增加到了200万元。

2008年11月媒体报道，2009年中央电视台新闻联播后标版第一选择权（即新闻联播后第一个广告）由巨人集团以4330万元标中。

此外，户外广告也成为脑白金中后期新增的亮点。史玉柱要求户外广告要根据各个区域市场的特点，有选择性地开展，目的是营造“脑白金氛围”。

智慧透析

我们生活在一个传播过度的社会里，电视、报纸、杂志、网络、公交车站牌、公交车上、墙上……总之，抬头低头看到的都是广告。然而，广告不在于多，关键在于你有没有抓住有消费能力的人群。如果抓不住的话，打再多的广告也等于是打水漂。

此外，随着技术的发展，广告营销的不确定性因素正在增加，所以管理者对待广告的正确态度，也许应该是，可以打广告，但不需要太多。在无法判断广告绩效的时候，可以将这部分成本隐藏起来。除非销售有起色，否则别轻易投放到广告，如果只是数据稍微有些变化，那么干脆停止。

其实，选择最适合的传播方式甚至比广告内容更重要。如果我们的消费者群体在B处，结果却选择了不能有效覆盖B处的传播方式，那么这种投入就是浪费。

美国加利福尼亚兰丽化妆品公司在塑造“兰丽”这一系列化妆品品牌时，利用合乎心理规律的累积印象广告，针对一个个目标市场打开了自己的销路。

他们第一次为兰丽绵羊霜做广告，广告标题中有7个字：“只要青春不要痘。”这句话一下子抓住了少女们的心理。画面上的女子以扇遮面，只露两个眼睛，似羞似俏。其实是因为有“遮不住的烦恼”。

不久，他们策划了新的兰丽绵羊油广告，他们告诉孕妇们：“从怀孕的第三个月开始，早晚使用绵羊油，按摩腹部及乳房，能预防妊娠皱纹的产生及乳房下垂。”

人们又一次了解了兰丽系列化妆品。

一个月后，第三则广告出笼，画面上的家庭主妇送丈夫上班、孩子上学。她告诉所有的主妇：“冬天风寒，防止肌肤粗糙干裂，外出及睡眠前使用绵羊油按摩，尤其是嘴脸、手脚、足踝等特别容易干裂的部位，可使肌肤免受寒风的伤害。”

人们又一次从兰丽化妆品体验到了母亲与妻子般的关爱。

过了一阵，第四则广告与读者见面。一位老祖母年龄的妇女告诉人们：“我现在唯一的遗憾，是脸上的皱纹多了些。假如能回到25岁前，我一定注意护理皮肤，常用绵羊油。”

女性从25岁起，皮肤开始走下坡路，如果这时注意滋润营养肌肤，就能起到防止肌肤衰老，保持肌肤光泽与弹性的效果。

兰丽警告人们，这是前车之鉴。

母亲节的时候，兰丽的广告又劝人买兰丽送给母亲。

企业通过对自身与市场的有机结合分析，可以采取更适合于自己的特色传播方式。在竞争激烈的时代，差异化是有效生存之道。如何提升品牌在受众心目中的地位，采用什么样的方式进行品牌推广？下面的几种方式应该是值得我们参考的：

1. 新闻性广告

新闻是人们关注度与接受度最高的媒体信息之一。与媒体搞好关系，让媒体（电视台、广播、报社、网站、专业性杂志社等）不间断地采编或采用有益于自己公司的各方面的报道信息，进行品牌传播。

2. 公益性广告

与政府搞好关系，进行公益性广告的投资也是一种有价值的传播方式，让企业在消费者心目中形成一种“为民、为公”的形象，以此来打动消费者的心。

3. 赞助广告

对体育、文化等政府、社区举办的活动进行赞助，推广企业品牌，提升企业形象。比如西门子的“自动化之光”中国系列巡展活动，百事可乐中国足球联赛等。

4. 网络广告

随着互联网业的逐步成熟，眼球经济向现实转化，电子商务已经在人们心目中形成了未来商业模式的必然这一理念，企业对电子商务的认可越来越高，也有很多企业现在或不久将采取电子商务模式对企业运作进行充实，摸索与积累未来的商业运作经验。

5. 手机短信广告

中国移动通信业已经建立起了一个很庞大的平台，在推出短信业务后，每年的短信收发量以几个数量级增长，广告界可以和移动运营商合作推出广告业务，这应该是一个不错的选择。

6. 口碑传播

如果消费者要去买某产品，对于亲朋的推荐甚至听到身边陌生人对某品牌产品赞不绝口时，他就容易购买。

在一大堆钱上纵横捭阖

网络游戏是什么？就是在一大堆钱上跳舞。

国内投资在4000万元以下的小游戏很多都死了，而投资在4000万元以上的游戏，大都能生存下去。

——史玉柱在网游界受到抨击最多的话

营销策略

史玉柱在做网络游戏时，多多少少引发了行业内的巨大动荡。从某种角度说，他似乎用行动将这个行业中各种各样的潜规则彻底公开化了。

不同行业的门槛不同，启动资金和资源规模常常是行业内的秘密。即便是至亲，也很难在这个问题上得到清晰明确的答案。史玉柱似乎是在与同行业内的大腕们唱反调，他在公开的场合将网络游戏的经营内幕公之于众。

史玉柱是个精明的商人，在失败后，他对于资金风险的敏感度超过一般人。在网络游戏的中国代理商们拉山头，互相攻伐的5年，史玉柱一直躲在背后，以普通玩家的身份旁观这个热闹的领域。

史玉柱承认自己很早就有做网络游戏的想法，一直到董事会和7人决策委员会全票通过后，他才第一次大胆地挺进网络游戏领域。

站在网络游戏的门口，史玉柱发出的声音，已经让业内大佬们感到胆战心惊。他曾公开说，经过数年的分析研究，网络游戏是个4000万标准线上的行业。

史玉柱认为网络游戏就是在一大堆钱上纵横捭阖的娱乐项目。为了不在底气上输给竞争对手，史玉柱毫不掩饰地炫富，根据他对其在民生银行和华夏银行等的股权市值测算，其投资的股权市值约为22亿元，“和上市公司的资金背景相差不会太大。”

另外，史玉柱在技术开发上并不是外行，而是专家，他掌握了现代高科技娱乐行业的关键机制。在他看来，这是一个走着封闭研发路线的软件操作系统。对于这个系统的软件操作机制，他非常明了，因为他本来就是高明的程序员，这是他的老本行。软件研发是需要烧钱的，当年正是因为研发的钱不够，他才决定转投房地产。

年轻一代人，也就是网络的玩家们很少听说过史玉柱，他们甚至以为史玉柱是个“外行”。当史玉柱掌握了销售和软件开发的全部成功必备要素后，仍然有人认为他是个外行。

后来，当史玉柱的《征途》游戏开始大肆扩张，声势惊人的时候，他们才想起来，早在2003年，史玉柱将旗下经营保健品的黄金搭档公司大部分股权卖给了四通公司，变现12亿元左右。这并不是要放弃保健品，而是打算卷土重来。史玉柱曾经说过："至于保健品，目前脑白金和黄金搭档仍是国内同类产品中销售最好的，赢利水平可观。"

在《征途》上，史玉柱投入4000万元做研发，7000万元购置服务器等硬件，还有一些市场推广上的投入。在所有宣传中，他大张旗鼓地声称《征途》是耗费2亿元巨资打造的网游。对于如此巨大的投入，其效果如何，也许玩家最有说服力。

"拉途"是玩家给《征途》游戏起的别称。这款游戏有很多"拉车"任务，可以通过拉车来升级或者赚"钱"。如果把和拉车有关的任务全部做完，每天要花好几个小时。类似的，通过设计一些可重复无止境的任务，游戏推动玩家不断升级、消费，并赚点"小钱"。要想减少重复任务带来的枯燥感，最好的方法就是直接用人民币充值，然后换取相应的服务。

史玉柱的高明之处就在这里。每天重复多次的任务、便捷的操作照顾了绝大多数玩家，即便是没有多少游戏经验的新手，也能够很快学会，这就让这个游戏最大限度地赢得了潜在的玩家群体。但是玩家数量巨大，并不能成为免费游戏赢利的充分条件。按照史玉柱的分析，3%的高端玩家提供了《征途》70%的收入。也就是说，有3万活跃玩家每个月在游戏中消费达几千万元。如何让这些玩家花钱，对史玉柱来说才是所有布局最关键的一步。在这款游戏中，玩家消费的重点就是虚拟装备的打造。所用的材料越好，装备的属性越好，玩家的PK能力也就越强，而材料的价格，是随着其等级呈几何数量级增加的。

智慧透析

斯蒂夫·布兰克在加州大学伯克利分校和哥伦比亚大学任讲师兼美国国家科学基金会主任研究员时，参与过8家高科技公司的创建。他提出一个关于创新的令人惊讶的观点："我的经验是，如果大企业的创新部门中有财务或者人力方面的主管，这个创新部门就不会成功。因为财务主管最关心盈亏，一旦创新部门没有赢利他就会在该部门做出任何成果之前削减成本。人力资源部门也是，他按规则和既有流程行事，但是创新部门需要雇有创新精神的人，而不是管理工厂的人。如果大企业财务和人力资源部门不改变原有规则，就会扼杀摇篮中的创新精神。"

按照这位讲师的理解，如果创新，你不需要说三道四的旁人干涉。问题是，企业不可能永远没有财务和人力。为了解决管理和创新的矛盾，一种新的妥协创新方式诞生了。这就是精益创新。

2010年，通用电气的能量存储部门总经理普雷斯科特·洛根意识到，自己部门开发的新电池有可能颠覆整个行业。通常，企业会立即筹建工厂、扩大生产，延伸投放市场，但洛根没有这样做。他先找商业模式，同时寻找客户。在全球范围内会见了几十位潜在客户，认真倾听客户的不满，深度挖掘客户如何购买工业电池、使用频率以及使用环境的差异。根据这些反馈，他们把原来宽泛的电信市场缩小为电网不稳定的发展中国家的手机供应商。2012年通用电气投资一亿美元，在纽约州斯克内克塔迪建设了一个世界级的电池制造厂。

在成功实践精益流程的通用电气，没有人力和财务部门，创新部门直接对总裁汇报，薪酬由董事会来决定。

对于那些着急创新的企业，如果看好了市场，那么最聪明的方式是：先等等看，一切搞定，最后行动。就算没有人力和财务，成功率绝对比那些自以为是的大型正规公司好得多。

第十二章 变则通，通则久

突破规则才能成功

网游是我了解的所有行业中最保守的领域，韩国人制定的游戏规则并不是法律，并不是不可违背的，《征途》正是无视了这些规则，只有打破了这些僵化的规则，才会成功。

——2007年上海ChinaJoy的媒体见面会上史玉柱对于规则的观点

营销策略

2007年以前，中国游戏产业的形势似乎已经十分明朗，陈天桥的盛大代理的韩国游戏《传奇2》，曾经同时在线人数达到50万人。门户网站利用网络的优势，也在代理开发网络游戏，网易、九城之类的公司，也已经圈地为王。至少在2005年，没人会相信游戏迷史玉柱会做游戏，更不相信他的游戏也能在产业中产生影响。

到2005年，中国有10家上市公司，他们都有网络游戏产业。看上去，史玉柱怎么也不可能加入这个据说已经进入“红海”当中的夕阳产业了。

问题是，每天玩好几个小时游戏的史玉柱下定决心，要从玩游戏的变成做游戏的。

2007年，史玉柱的《征途》游戏大获成功。在上海ChinaJoy的媒体见面会上，史玉柱以《征途》为话题发表了对规则的看法。

他认为，中国网络游戏这个产业十分年轻，到处是浮躁的风气，少有人真正关心玩家喜爱怎样的游戏。作为一套舶来的娱乐产品，中国网游一味遵守韩国游戏老套的规则，突破韩国人的规则，就成了史玉柱的灵感和出发点。

韩国的网游发展早于中国，盛大网络的《传奇》就是出自韩国，因此中国网游都是遵循韩国游戏发展的。事实上，在史玉柱看来，韩国也不过是“二道贩子”，大多数游戏主要的玩家还是在《魔兽世界》之类游戏的发源地美国。暴雪公司制作的这款游戏据说玩家数量达到2000万以上，其中中国可能有300万以上。由于魔兽世界的流行，先是九城，后是网易，依靠《魔兽世界》在网络游戏的地盘上站稳了脚跟。在史玉柱的《征途》之前，大部分网络游戏的产业份额，都被这类外国游戏代理运营商所获得。

韩国网络游戏对中国网络游戏的影响是根深蒂固的。特别是在设计上，韩国网游画面精美、战斗富有节奏感、有独特的经济商业模式，玩家能通过壮大权势享受各种快感。史玉柱体验后现身说法：在网络游戏的世界里，大家一起欺负人，一起被别人欺负的感觉，的确十分畅快。

另外，韩国网游十分看重练级、成长系统，在游戏中讲究各种技能组合和操作。但是，练级意味着枯燥，技能的配合意味着操作的复杂，这些慢慢束缚了网游的发展。

这个缺点，在史玉柱看来是致命的。《征途》继承了韩国网游的优点，打破那些烦人的约束，走向简单化。

《征途》游戏别具一格的设计，让玩家从复杂的操作中解脱，真正全身心投入游戏：史上最易上手的操作，让玩家一见倾心；独创的自动寻路功能，被称为网游史上最伟大的发明；自动寻怪，打怪从此不用操心；任务检索系统，将所有任务一网打尽，除了适时提醒玩家任务外，还忠实记录任务完成情况，让玩家随时掌握信息，合理安排游戏过程……

《征途》的操作系统模式设计得简单，赢得众多玩家的青睐。传统网游继承韩国网游打击代练和外挂，史玉柱则主动引入了代练和外挂，让第三方工作室束手无策。史玉柱聪明地增加网游产品与用户的接触时间和互动关系，开创了一种新型网游销售方式。

也正是从那时候起，网游行业不少人开始对史玉柱横加批评，认为他是个搅局者，还是个破坏规则的人，甚至在他的游戏公司成功上市后，仍然有人指责史玉柱是投机取巧，乱中取胜。然而，当史玉柱的游戏迅速蹿升，直取中国网游第三把交椅的时候，这种指责也就变得无足轻重了，毕竟，成功者是不受谴责的。

智慧透析

阿玛尔·毕海德是美国芝加哥大学中小企业创业课程客座教授，他说："我曾经在硅谷等地做过一些演讲，当时现场很多人认为创新就是生产力的提升，在我看来，创新并不只是精英人群引领的事物，并不只是技术专利的申请，或者论文发表的数量，或者你的公司是否在纳斯达克上市这样一些看上去很光鲜的事情。"

他认为，只关注产品创新或者单纯模仿的项目，并不是创新。"我觉得消费者这个层面是非常重要的，一些经济学家和政策决策者很多时候都忽略了消费者这个因素，但很多创新受益者并不是生产者，而是消费者。"

苹果创始人乔布斯最令人印象深刻的，其实并非iPhone产品采用了最新的技术或者它本身是个高技术产品的融合体，苹果的高明在于创造了一个庞大的营销体系，将众多的消费者纳入苹果产品线之中。因为苹果的产生，苹果在客户一端产生了数倍于产品技术制造的利润。

也就是说，创造了一个新规则，也许更具有革命性的力量，因为它整合了方方面面的资源，从人、财、物到一种商业模式。

在管理学家和经济学家眼中，创新是企业的高层次活动。不过，创新仍然需要讲究策略。至少我们相信，熊彼特所提到的几种创新方式仍然是有不同的权重的。

打破某些规则，可能属于一种终极创新方式，会带动所有的产业方式发生整体变化。这种方式，也许是激烈的变革，单就组合方式的生产力来说，却可能是最有力量的。

新产品和新技术的发明，虽然是看得见摸得着的创新，却因为成本和管理的难题，很可能湮没无闻。实际上，全世界每天都产生成千上万的新专利技术，它们中大部分只是作为专利局的陈列品而已，根本不会对商业发生猛烈的冲击，甚至连影响都可能没有。

生产方式的重组，像管理上的泰罗制，其实后来证明只是有短期的文化冲击，大部分的国家和都把泰罗的制度看成是血汗工厂的新型代表。

原料和原材料的新来源和运输，这可能是个不错的想法。可是如果你想到原油和电力的运输方式，从19世纪以来在美国几乎没有大规模的改进，你就应该清楚。如果不依靠强有力的基础设施建设运动，这种创新几乎是不可能发生的。

免费和回头客才能赚大钱

第一要有效；第二是产品给消费者带来的好处要被他感觉到，并愿意主动跟周围的人说。同时具备这两个因素，产品才能做大。历史上最成功的保健品开发费用是500万元，骗人的产品的成本也不可能是零。这样，何不做好的产品呢？所以第一点是相对容易做到的，难做到的是第二点。

做网游时我们就平移了这种策略，一定要做中国最好玩的游戏，让玩家主动告诉别人这个游戏好玩。在线人数跟宣传没什么关系，跟题材和形象代言人也没有什么关系，这一点跟保健品很相似。所以从保健品到网游，产品的内在逻辑是一致的。

——2009年史玉柱如此总结保健品的产品战略

营销策略

在网游行业，老游戏规则的商业模式核心是按点卡收费，即网络游戏公司按玩家的游戏时间收取相应的费用。以盛大为首的网游公司收入模式是PTP（pay to play），玩家为获得在线游戏时间而付费，公司的增收秘诀就是想方设法地延长玩家的在线时间。玩家在游戏中的等级取决于在网上“耗”的时间长短，连续打十几个小时游戏是家常便饭，商家也因为引诱玩家上瘾而引起社会各界的非议。

2005年11月，盛大抢先一周宣布将旗下的几款核心网络游戏《传奇世界》《热血传奇》和《梦幻国度》永久免费，不再收取用户的包月费，转而依靠向用户提供增值服务获得收益。《征途》网络副董事长后来检讨说，不该和盛大的副总接触，将《征途》永久免费的信息透露出去。

盛大抢先将网游免费这一举动，拉开了网游商业模式创新的大幕。然而，这种模式使盛大的收入锐减，直接导致盛大第四季度大型网游的收入比上季度减少30.4%。相较而言，《征途》似乎并未受大的影响。它在开发设计上就是“永久免费，靠卖道具赚钱”的模式，所以它能将游戏千方百计地聚焦在“道具”上，最后首先在免费模式上获得成功的不是盛大，而是《征途》。

“《征途》是中国真正第一款大规模做的免费游戏。”史玉柱非常在意这个第一的名头，“虽然盛大比我们早宣布了几天，但是它宣布完了之后并没有做，当它投放市场的时候，我们早已经做大了，不但我们做到了，而且我们的规模也已经做起来了。现在，提起免费游戏，一般行业内人士第一时间想到的就是《征途》。”

在史玉柱看来，一般的免费游戏就是按不按时间收费的问题，收费游戏就是你不买时间玩不了，免费游戏就是你不买时间也可以玩。

此外，史玉柱还分析了传统收费模式的不合理之处，他表示：“传统的收费模式有个不合理的地方，你要买时间，否则不能玩。你是个下岗工人还是个亿万富翁都一样，同样是45元钱，对富翁来说45元与4500元钱没有区别，但对下岗工人、学生来说就是个很大的负担。所以这个模式是不合理的。传统收费模式存在致命的弱点，必然要变革。免费模式存在一些好处，大家都能来玩，花钱的人可以享受一些增值服务。”

史玉柱早就洞察到虚拟交易中蕴藏的商机，于是他推出“终生免费”，以“网络游戏革命”的主题在各种网络媒体和平面媒体上疯狂地进行宣传和炒作。

事实上，所谓的免费游戏其实是靠道具收取费用。《征途》团队设计了各种道具和玩法，其中最为知名、获利最丰的是道具打造系统。这个系统的特点在于玩家花钱越多，道具的性能就越好。《征途》的这种“革命性模式”，让玩家知道了玩游戏的“好处”，虽然这个“好处”只是一个甜蜜的陷阱。免费游戏更像嘉年华和迪士尼，门票的钱不多，但是每个项目都要收费，纪念品也都很贵，这样累计的收入依然很高，这种模式可能比收门票更具诱惑性，消费者会为体验而付费。

经过史玉柱的一番冲击，“免费游戏+收费道具”模式在中国网络游戏界也有了效仿者，但是像他这样一免到底的还没有。

智慧透析

现代社会，企业的发展面临激烈的竞争，残酷的程度和压力难以想象。面对变幻莫测的商海，应变也好，预防也罢，都不是解决问题的根本，因为无论应变还是预防，主动权都在别人手上。要想真正在瞬息万变的市场中处于主动地位，我们就要学会重新制定游戏规则，唯有如此我们才能把握全局，在商战中纵横捭阖，处于不败之地。

制定游戏规则者，首先就要打破旧的游戏规则，这也恰恰成为当今许多企业发展的瓶颈。在网络游戏行业，玩家习惯将游戏中可玩的设计称作“玩点”，丰富的功能是玩点的一部分。但是，收费游戏和免费游戏最大的区别在于，免费游戏不仅要设计丰富的玩点，还要设计丰富的“收费点”，统称为增值服务。为免费模式专门设计的游戏，设计了大量的收费点，降低了每一项服务的单价，也不会出现严重影响游戏平衡性的设计，因此玩家很容易接受。

“变则通，通则久。”史玉柱掌握营销的通则之后，创造规则，运用规则，自然会在商战中游刃有余。至于行业不同、产品不同，这些都成了他换汤不换药的魔术而已。

别受条条框框的限制

作为网游产业的后来者，亦步亦趋跟随先发者没有出路，我不是要搅局，而是要通过创新使产品迅速获得玩家认同并带来特殊价值。中国的网游产业要在世界范围内称雄，最需要的就是敢于破除条条框框自立门户。

——2007年上海China Joy的媒体见面会上史玉柱如是说

营销策略

在《征途》成功后，各种业界质疑随之而来，面对众多竞争对手的质疑，史玉柱宣称："《征途》的成功是产品的成功，有一些专家发表评论认为《征途》是'搅局者'，大概是因为我们没有按规矩来。我们不在乎形式，只要玩家喜欢、开心，他们提出的要求合法合理，我们都会尽量满足。""目前针对市面上每一款流行的网络游戏，我们都有一个专门小组在研究它，研究它的亮点，也研究它的缺陷。我们觉得这个行业条条框框太多。"

在史玉柱看来，行业规则的合理性是和产业发展阶段联系在一起的，网游游戏只是产品生命周期中某一段时间呈现虚假饱和的状态，需要有人站出来打破旧的规则。

在韩国游戏的影响下，从系统开发到设计内容，中国网络游戏几乎完全按照韩国的《传奇》进行。按照传统来说，网游厂商固定的研发运营轨迹是内测、公测到推出正式版本。一般网游里有很多不成文的规定，一个网游要经历技术测试、封闭测试、内部测试、公开测试，然后商业化。

但是史玉柱自从进入网游以来，一直在打破行规。史玉柱的首款游戏《征途》在内测期间即向玩家开放，正式版本照样改行规。2005年12月20日，还在内测阶段的《征途》便宣布游戏"永久"免费。从此之后，免费成为国产游戏的主流模式。韩国游戏则相反，通常依靠"点卡"和买装备，工具之类刺激玩家不断增加投入，像《热血传奇》就是如此。

玩不玩游戏、懂不懂玩家，对公司大的方向把握是至关重要的。史玉柱是直接从玩家到投资公司，他跳过了一个过程，就是这个行业里研发网游的经历，这使他不会受网游开发条条框框的限制。

在史玉柱看来，"网游是所有行业中最保守的行业"。他认为韩国人制定的游戏规则并不是法律，并不是不可违背的，《征途》正是因为无视了这些规则，打破了这些僵化的规则，才成功的。

对于新规则，史玉柱认为是有利有弊的。好处就是不受条条框框的限制，容易创新；缺点是不熟悉行规，这方面经验不足。有缺点就要想办法弥补，所以在《征途》的细节上，史玉柱是不能参与决策的。他能做的就是把握住大方向，站在玩家的角度给予团队意见，以玩家的身份和团队沟通。

智慧透析

打破规则并非一蹴而就，需要先了解规则、适应规则。在中国入世谈判的那一段时间，国内也刮起所谓遵循游戏规则的风潮，大多数企业家在观念上逐步接受了这一观点。不过，在对待游戏规则的态度上，人们很可能进入了另一个误区。

不少人将现有的规则神圣化，即便是不公平不合理的规则，也经常照单全收。有些公司能够站出来发声，勇敢维护自己的权益，居然会在企业界内被看成是异类。华为在美国起诉奥巴马政府的安全审查歧视性政策很难在中国社会引发共鸣，这从客观上说明中国的本土企业家还缺乏一个正常而健康的规则意识。

在国内的行业内，无条件地引进西方的产业规则，甚至以主动接受西方的规则、标准、体系为荣的企业领导者更是不计其数。一些前沿性质的高科技产品，动辄以西方马首是瞻。实际上，未成熟的行业完全没有按照西方的所谓先进规则进行的必要。

宝洁是少数能够打破大众化枷锁，整合日常事物中的创新程式，在可持续的基础上创造增长的公司。宝洁在管理上的突破就是在以消费者为中心的基础上，将创新作为一个可以整合的程式进行构思和执行。宝洁的经验清楚地证明，创新也可以是领导者的日常工作。

宝洁的领导者们选择了50%到100%，甚至更高的增长率，超出行业和GDP增速。这勇气正是来自创新程式能够被执行的信心。通过不断的产品及品牌上的创新，宝洁迫使自己的竞争对手屈从于自己的规则之下，甚至以宝洁的规则代替市场的规则。

实际上，西方不少前沿高科技公司在创业时期就有浓厚的创造规则的导向。他们的一些做法本身与产品的生产销售、技术改进无关，但一定与构筑市场的后期地位，市场的一般性构架规则有关。等到后期，大部分的跟随者进入领域后，因为市场已经完全接受他们的规则，后来的公司就不得不继续跟着这些公司。

这种意识，对于中国所有的企业家，特别是现代社会中渴望找到机会的人来说，特别重要。

亚马逊公司创始人杰夫·贝佐斯通过运用互联网而不是传统的分销渠道，打破了书刊行业的规则。理查德·布兰森的维珍集团在多个行业使已经建立的企业模式感受到了压力。零售连锁店梅体小铺的创立者安尼塔·罗德蒂克有意与这个行业内的专家们反着做，这项策略最终使她获得了成功。规则是需要打破的，打破一种规则，是以一种新规则产生为结果的，而这种方式同样也是创新。

事实上，正如熊彼特所分析的那样，创造一种规则，同样属于大规模的创新。既然是创新，就无可非议，相反，一味遵循规则，可能正是导致中国整体创新能力不足的根本原因。

股权掌控要因时而动

决策权过度集中危险很大。独裁专断是不会了，现在不管有什么不同想法，我都会充分尊重手下人的意见。

我从此再也不搞股份制了。母公司一定是我个人所有，下面的分公司我可以考虑控股。中国人合作精神本来就很差，一旦有了股份，就有了和你斗的资本，会造成公司结构的不稳定。

——摘自《史玉柱：2009年谈自己的决策》

营销策略

在巨人大厦的时代，史玉柱认为：对于公司的股权，只有牢牢掌控，才能抓住企业的根本，不至于陷入被动的境地。事实上，他成立了7人投资委员会，任何一个项目，只要赞成票不过半数就一定放弃。所谓决策委员会的决策权和建议权，在史玉柱看来本质还是股权的分配制度。

之所以如此坚决，源自他的前车之鉴。1989年8月底，经朋友介绍，史玉柱招聘了3名员工。到10月，其中一名员工说：“我们每个人都应该持有股份。大家应该将赚到的钱分掉。”史玉柱不同意，他对员工说：“股份的事情可以商量，但每个人25%不可能。软件是我开发的，启动资金是我出的。我至少应该控股。可以给每人10%～25%。”但是，他们嫌太少，闹僵之后，史玉柱非常愤怒，将电脑摔在地上。管财务的员工不参与，另外两名员工抱着剩下的几台电脑和打印机夺门而去。

这次经历对史玉柱的影响很大，他坚持以后所有的“根公司”必须自己一人独资。对高管，他采用高薪加奖金的形式，从不许诺股权。他说：“后来我就给我的高管高薪水和奖金，就是给比他们应该得到的股份分红还要多的钱。我认为，这个模式是正确的，从此以后，我的公司就再没发生过内斗。”

股权集中的重要性在史玉柱心中的地位始终是不容动摇的。2001年，他复出之后，在央视《对话》节目中谈道：“民营企业，开创初期不能股权分散，凡股权分散的企业，最后只要这个公司稍微有起色，赚了第一笔钱，马上就不稳定，就要开始闹分裂，很多企业垮掉，不是因为它长期不赚钱，而是因为它赚钱，马上就垮掉了。”

万通董事长冯仑也认同这一观点，他说：“企业第一阶段都是排座次问题，第二阶段是分经营问题，第三阶段是论荣辱问题，所以我同意史总的意见，一开始产权相对集中，有利于企业的稳定。”

同时，史玉柱也意识到股权过分集中，在企业稳定发展阶段对企业发展有着不利的影响：

“珠海巨人没有及早进行股份化，最直接的损失是优秀人才的流失，更严重的后果是，在决策时没人能制约自己，以致形成家长制的绝对权威，导致我的一系列重大决策失误。

“珠海巨人的决策机制难以适应企业的发展。巨人集团也设立董事会，但那是空的。我个人的股份占90%以上，具体数字自己也说不清，财务部门也算不清。其他几位老总都没有股份，也无法干预我的决策。总裁办公会议虽然可以影响我的决策，但拍板的事基本由我来定。

“现在想起来，制约我决策的机制是不存在的，这种高度集中的决策机制，在创业初期充分体现了决策的高效率，但当企业规模越来越大、个人的综合素质还不全面时，缺乏一种集中决策的体制，特别是干预一个人的错误决策乏力，企业的运行就相当危险。”

虽然史玉柱看到了股权集中的弊端，但他认为股权的过分分散，对于企业的发展也有很多坏处。对于新浪较为分散的股权，他发表了自己的看法：

“太分散了对企业长期发展不好，我觉得新浪现在需要一个大股东，就像张朝阳、丁磊那样，但它现在形成大股东难了。那些很有钱的，比如说基金，进来对它帮助并不大，我觉得它需要一个灵魂人物，这个灵魂人物是个大股东。它现在盘太大了做不到。”

史玉柱进一步总结了股权在企业发展各个阶段的作用，他说：“企业小的时候，就是一个人决策。企业中等规模的时候，就要靠一个小的集体来决策。企业再大了，就按上市公司的规则来做。最终一个企业要真正做大，就必须把这个公司社会化，就是上市了，让社会成千上万的人持有它的股份。”

智慧透析

在市场竞争中，要认识到最有威胁的对手，找到威胁自己的根源；在企业管理中，不仅要看到存在的漏洞，还要找到缺陷产生的原因。只有认识到问题的根本才能找到解决的方法，然后标准化、制度化，这样才能从本质上杜绝此类问题的发生。

事实上，随着股份制在中国的快速发展，史玉柱的初衷也有所改变。在史玉柱涉足网络游戏行业后，他在巨人网络中股份只占68.43%，刘伟、张路、何震宇、宋仕良、袁晖、汤敏 、陆永华都拥有股票，这些都是长期跟着史玉柱的人，他第一次采用股份制的方式和他们合作。也许这个改变是因为史玉柱想更好地激发团队成员的积极性；也许是觉得这么多年应该给旧部一次总回报。但母公司巨人公司仍然是史玉柱独资的，巨人网络在上市之后，才使股份制发挥了最大的作用。

可见，随着企业的发展和经济环境的变化，史玉柱的股权集中思想也产生了新的灵感和模式，他会用新的方法妥善解决公司权力和股份的问题。然而，各企业家对股权的理解有所不同。马云所持的态度就和史玉柱截然不同，甚至完全相反。“从第一天开始，就没想过用控股的方式控制，也不想以自己一个人去控制别人，这个公司需要把股权分散。”马云在谈及个人股份时说，“这样，其他股东和员工才更有信心和干劲。”

实际上，股权分散还是集中好这个问题的根本还在于管理。股权集中固然可以快速决策，思想统一，但是公司成了一言堂，没有反对意见，不是企业在自大盲目的决策中倒闭，就是企业的优秀人才出逃，剩下的则是一群随声附和的人。

股权大派送，自然可以将管理团队紧紧捆绑在一条利益链上，与员工、投资者、社会分享财富，把公司打造成一个公众持股的上市公司，是高超的做法。古话说“财聚人散，财散人聚”，根据分公司高管的表现，给予他们一定比例的分公司股份作为奖励，这能使中高级员工对公司产生归属感，职业经理人就会转变成事业经理人。

变通策略，营销关系

中国之大，异乎寻常，龙有龙道，蛇有蛇路。虽然我筹备脑白金时一没钱，二没人，三没资源，但也并不能因此就断言领先品牌仅仅是那些大公司的专利。那些大公司的主打保健产品品牌也是从无到有，从小做到大，一步一步成长起来的。如果还没开始塑造脑白金这个品牌，我就丧失信心，那不是我史玉柱的本色。

——史玉柱在保健品交易成功后的发言

营销策略

史玉柱在销售保健品时候的高调宣传令人们印象很深刻，但是他让保健品销售网络上市，神不知鬼不觉，极为低调。2006年，他准备为《征途》网游寻找上市机会的时候，有人曾问他保健品业务是否要整体上市，他回答："保健品的销售网络已经上市，已经进入香港上市的四通控股。是否整体上市要看香港董事会的想法，至少现在没有。"

2003年12月，四通控股与Central New达成收购协议。根据协议，四通控股将收购合作方全部发行之股本，Central New当时持有黄金搭档生物科技75%的股本权益。史玉柱透露说："此次交易的双方从表面看，是见不到四通控股与巨人的影子的。买方是四通巨人（全称为四通巨人生命科技发展有限公司，是2003年12月底在开曼群岛注册的四通控股的全资子公司）；卖方是Ready Finance（该公司于2002年12月3日在英属处女群岛注册成立，史玉柱全资拥有），它是Central New公司的全资拥有股东，而Central New当时持有黄金搭档生物科技75%股本权益。Central New是2003年10月在英属处女群岛注册成立的，是专为收购黄金搭档生物科技公司股权而注册的，我本人是受益人。这一切都是世界著名的会计师楼、律师楼、投资银行设计的。我的原则是，一定要有第一流的律师、会计师的介入，一定不能有法律上的问题。”

此次收购价格为11.71亿港币，约合人民币12亿元。通过这次合并，史玉柱得到6亿多元人民币现金和以可转股债券方式支付的6亿元。而作为交换，脑白金与脑黄金的销售网络75%放在四通，25%放在巨人。比如，脑白金的商标权放在四通，生产批文放在无锡制造厂，后者是属于健特生物；放入四通的还有专利技术，如包装和生产工艺。

史玉柱认为他卖的主要是保健品的销售网络和知识产权的部分，否认将保健品这一块的主要部分卖给四通。合作后，四通电子随即更名为四通控股。由于四通在此之前没有从事过生物科技，因而在合并之后史玉柱出任四通控股总裁，以“1元钱”的象征性年薪，进入四通控股。

对于此次合作，史玉柱表达了自己的真实想法，他说：“巨人原本想自己来港上市，并且已找好了中介机构，但最后行不通。我想要走红筹股的路线，不走H股的路线，因为H股可能存在法人股不能流通等问题，受限很多。走红筹股的路子，则需要中国证监会出无异议函，理论上是可以的，但实际上没出过几家，所以没有可能性。如果按设想上市，应该可融到10亿元左右。”“巨人本身并不缺钱，以上海健特的名义，用现金还了债，买华夏银行和民生银行的股权，还一次性支付给四通巨人1亿现金。这几年做脑白金，税后利润超过10亿元。”

关于新四通的核心业务，史玉柱回答说：“在四通控股中，生命科技将成为主业，对IT业务的新投资将极为慎重。现在不赚钱或是微利的公司，都将被砍掉，只保留赢利在1000万元以上的公司。”

在2004年四通集团成立20周年庆典上，段永基宣布：“四通控股要转型，集中发展网络文化和生命健康两大产业。目前健康产业的销售额已经占到四通控股销售总额的50%，利润更是高达四通控股的80%。”

之所以选择和史玉柱进行合作，是因为段永基用10年的时间将工作重心放在解决公司的产权问题上，当产权问题解决好之后，四通的业绩也因为长期纠缠于产权问题而下挫。四通的主要业务已经不是赚钱的利器，为了重整旗鼓，段永基需要寻找新的利润增长点。

这次交易，从账面上看，段永基的利益并没有马上显露出来。对此，史玉柱解释说，四通控股在2003年以购买股票套现，每股赢利0.6元，借这次合作可以获得相对稳定的现金流及收入，四通必须找到持续赢利的增长点。

史玉柱培养了脑白金和黄金搭档超强的赚钱能力，使得段永基选中了他。在签约当天，段永基表示，除了脑白金和黄金搭档外，四通控股还购买了其他八种保健品准备推出，并宣称要做到亚洲保健品行业的前列。

上海黄金搭档生物科技有限公司新闻发言人汤敏表示：“公司目前在全国拥有36个省级分支机构，128家地级办事处以及1800多个县级代表处，覆盖了除西藏外的所有省、自治区、直辖市，在发达地区已深入到县、乡、镇，在全国范围与其长期合作的一级代理商就有2900多家，销售终端达29万多个。而四通电子看中的恰恰就是黄金搭档这张网络后的‘钱’景。”

四通电子相关负责人也曾这样说过：“健康产业作为朝阳行业，在中国极具发展空间。而目前中国保健品人均消费不足美国、日本等发达国家的1/10，随着人们生活水平的提高，市场前景不可限量。选择黄金搭档这样的战略伙伴，四通拓展了健康产业这一全新领域，为四通电子的未来打造了新的利润增长点。”

此次收购完成后，在脑白金和黄金搭档的整个价值链中，生产加工这一部分仍然在史玉柱所控股的青岛健特生物里；由于只出售黄金搭档公司75%

的股权给四通控股，史玉柱仍然可以享有25%的收益，但广告费用的大头已经转移到上市公司。

智慧透析

史玉柱曾经表示：内地的融资渠道太窄，加入四通后，就可以借助这样的渠道吸纳国际上的大资金，毕竟香港的公司想融资是很容易的，扩股就行了。

通过这笔交易，段永基和史玉柱都获得了利益，后者更是凭借这一机会进入国际资本市场，解决了融资渠道的问题。

在营销策略上，有时需要的是一种大局上的变通。这种管理实际上已经接近一种更高级别的营销境界——营销关系及资本社会管理。

20世纪90年代以来，全球范围内广泛兴起投资者关系和战略结盟，但战略联盟的成功率只有30%，失败的主要原因是与联盟伙伴的关系问题。战略联盟本质上是一种基于价值链的，涉及多个主体之间资源交换和共享的合作关系或伙伴关系，其核心在于关系交换。国外越来越多的大企业达成这样一种共识：如果公司的利润中有20%～30%是依靠战略获得的，如果公司将要做出的重大投资决策并不完全由自己控制，那么就必须在关系管理方面做得更好。

随着中国企业不断扩大，资本渗透能力越来越强，如何在营销上利用各种资源来整合战略合作，将成为一个新的管理课题。这就需要探索一种可持续的管理资本和伙伴的新生关系。遗憾的是，到目前为止，人们还没有获得这方面的成功案例，仅仅在上市公司的层面能够维持某种成功的表象。问题是，这对于我们的未来仍然是未知的。